当代齐鲁文库·20世纪"乡村建设运动"文库

The Library of
Contemporary
Shandong

Selected Works of
Rural Construction Campaign
of the 20th Century

山东社会科学院　编纂

/19

梁邹美棉运销合作社
第二、三届概况报告

山东乡村建设研究院　编

中国社会科学出版社

图书在版编目(CIP)数据

梁邹美棉运销合作社第二、三届概况报告 / 山东乡村建设研究院编.
—北京:中国社会科学出版社,2021.1

(当代齐鲁文库. 20世纪"乡村建设运动"文库)

ISBN 978-7-5203-5445-5

Ⅰ.①梁… Ⅱ.①山… Ⅲ.①棉花—供销合作社—山东—民国
Ⅳ.①F729.6

中国版本图书馆 CIP 数据核字(2019)第 232651 号

出 版 人	赵剑英
责任编辑	冯春凤
责任校对	张爱华
责任印制	张雪娇

出　　　版	中国社会科学出版社
社　　　址	北京鼓楼西大街甲 158 号
邮　　　编	100720
网　　　址	http://www.csspw.cn
发 行 部	010 - 84083685
门 市 部	010 - 84029450
经　　　销	新华书店及其他书店

印刷装订	北京君升印刷有限公司
版　　　次	2021 年 1 月第 1 版
印　　　次	2021 年 1 月第 1 次印刷

开　　　本	710 × 1000　1/16
印　　　张	19
插　　　页	2
字　　　数	263 千字
定　　　价	99.00 元

《当代齐鲁文库》编纂说明

不忘初心、打造学术精品，是推进中国特色社会科学研究和新型智库建设的基础性工程。近年来，山东社会科学院以实施哲学社会科学创新工程为抓手，努力探索智库创新发展之路，不断凝练特色、铸就学术品牌、推出重大精品成果，大型丛书《当代齐鲁文库》就是其中之一。

《当代齐鲁文库》是山东社会科学院立足山东、面向全国、放眼世界倾力打造的齐鲁特色学术品牌。《当代齐鲁文库》由《山东社会科学院文库》《20世纪"乡村建设运动"文库》《中美学者邹平联合调查文库》《山东海外文库》《海外山东文库》等特色文库组成。其中，作为《当代齐鲁文库》之一的《山东社会科学院文库》，历时2年的编纂，已于2016年12月由中国社会科学出版社正式出版发行。《山东社会科学院文库》由34部44本著作组成，约2000万字，收录的内容为山东省社会科学优秀成果奖评选工作开展以来，山东社会科学院获得一等奖及以上奖项的精品成果，涉猎经济学、政治学、法学、哲学、社会学、文学、历史学等领域。该文库的成功出版，是山东社会科学院历代方家的才思凝结，是山东社会科学院智库建设水平、整体科研实力和学术成就的集中展示，一经推出，引起强烈的社会反响，并成为山东社会科学院推进学术创新的重要阵地、引导学风建设的重要航标和参与学术交流的重要桥梁。

以此为契机，作为《当代齐鲁文库》之二的山东社会科学院

"创新工程"重大项目《20世纪"乡村建设运动"文库》首批10卷12本著作约400万字,由中国社会科学出版社出版发行,并计划陆续完成约100本著作的编纂出版。

党的十九大报告提出:"实施乡村振兴战略,农业农村农民问题是关系国计民生的根本性问题,必须始终把解决好'三农'问题作为全党工作重中之重。"以史为鉴,置身于中国现代化的百年发展史,通过深入挖掘和研究历史上的乡村建设理论及社会实验,从中汲取仍具时代价值的经验教训,才能更好地理解和把握乡村振兴战略的战略意义、总体布局和实现路径。

20世纪前期,由知识分子主导的乡村建设实验曾影响到山东省的70余县和全国的不少地区。《20世纪"乡村建设运动"文库》旨在通过对从山东到全国的乡村建设珍贵历史文献资料大规模、系统化地挖掘、收集、整理和出版,为乡村振兴战略的实施提供历史借鉴,为"乡村建设运动"的学术研究提供资料支撑。当年一大批知识分子深入民间,投身于乡村建设实践,并通过长期的社会调查,对"百年大变局"中的乡村社会进行全面和系统地研究,留下的宝贵学术遗产,是我们认识传统中国社会的重要基础。虽然那个时代有许多的历史局限性,但是这种注重理论与实践相结合、俯下身子埋头苦干的精神,仍然值得今天的每一位哲学社会科学工作者传承和弘扬。

《20世纪"乡村建设运动"文库》在出版过程中,得到了社会各界尤其是乡村建设运动实践者后人的大力支持。中国社会科学院和中国社会科学出版社的领导对《20世纪"乡村建设运动"文库》给予了高度重视、热情帮助和大力支持,责任编辑冯春凤主任付出了辛勤努力,在此一并表示感谢。

在出版《20世纪"乡村建设运动"文库》的同时,山东社会科学院已经启动《当代齐鲁文库》之三《中美学者邹平联合调查文库》、之四《山东海外文库》、之五《海外山东文库》等特色文库的编纂工作。《当代齐鲁文库》的日臻完善,是山东社会科学院坚持问题导向、成果导向、精品导向，实施创新工程、激发科研活力结出的丰硕成果，是山东社会科学院国内一流新型智库建设不断实现突破的重要标志，也是党的领导下经济社会全面发展、哲学社会科学欣欣向荣繁荣昌盛的体现。由于规模宏大，《当代齐鲁文库》的完成需要一个过程，山东社会科学院会笃定恒心，继续大力推动文库的编纂出版，为进一步繁荣发展哲学社会科学贡献力量。

山东社会科学院

2018 年 11 月 17 日

编纂委员会

总　序

从传统乡村社会向现代社会的转型，是世界各国现代化必然经历的历史发展过程。现代化的完成，通常是以实现工业化、城镇化为标志。英国是世界上第一个实现工业化的国家，这个过程从 17 世纪资产阶级革命算起经历了 200 多年时间，若从 18 世纪 60 年代工业革命算起则经历了 100 多年的时间。中国自近代以来肇始的工业化、城镇化转型和社会变革，屡遭挫折，步履维艰。乡村建设问题在过去一百多年中，也成为中国最为重要的、反复出现的发展议题。各种思想潮流、各种社会力量、各种政党社团群体，都围绕这个议题展开争论、碰撞、交锋，并在实践中形成不同取向的路径。

把农业、农村和农民问题置于近代以来的"大历史"中审视不难发现，今天的乡村振兴战略，是对一个多世纪以来中国最本质、最重要的发展议题的当代回应，是对解决"三农"问题历史经验的总结和升华，也是对农村发展历史困境的全面超越。它既是一个现实问题，也是一个历史问题。

2017 年 12 月，习近平总书记在中央农村工作会议上的讲话指出，"新中国成立前，一些有识之士开展了乡村建设运动，比较有代表性的是梁漱溟先生搞的山东邹平试验，晏阳初先生搞的河北定县试验"。

"乡村建设运动"是 20 世纪上半期（1901 到 1949 年间）在中国农村许多地方开展的一场声势浩大的、由知识精英倡导的乡村改良实践探索活动。它希望在维护现存社会制度和秩序的前提下，通过兴办教育、改良农业、流通金融、提倡合作、办理地方自治与自卫、建立公共卫生保健制度和移风易俗等措施，复兴日趋衰弱的农村经济，刷新中国政治，复兴中国文化，实现所谓的"民族再造"或"民族自救"。在政治倾向上，参与"乡村建设运动"的学者，多数是处于共产党与国民党之间的'中间派'，代表着一部分爱国知识分子对中国现代化建设道路的选择与探索。关于"乡村建设运动"的意义，梁漱溟、晏阳初等乡建派学者曾提的很高，认为这是近代以来，继太平天国运动、戊戌变法运动、辛亥革命运动、五四运动、北伐运动之后的第六次民族自救运动，甚至是"中国民族自救运动之最后觉悟"。[①] 实践证明，这个运动最终以失败告终，但也留下很多弥足珍贵的经验和教训。其留存的大量史料文献，也成为学术研究的宝库。

"乡村建设运动"最早可追溯到米迪刚等人在河北省定县翟城村进行"村治"实验示范，通过开展识字运动、公民教育和地方自治，实施一系列改造地方的举措，直接孕育了随后受到海内外广泛关注、由晏阳初及中华平民教育促进会所主持的"定县试验"。如果说这个起于传统良绅的地方自治与乡村"自救"实践是在村一级展开的，那么清末状元实业家张謇在其家乡南通则进行了引人注目的县一级的探索。

20 世纪 20 年代，余庆棠、陶行知、黄炎培等提倡办学，南北各地闻风而动，纷纷从事"乡村教育""乡村改造""乡村建设"，以图实现改造中国的目的。20 年代末 30 年代初，"乡村建设运动"蔚为社会思潮并聚合为社会运动，建构了多种理论与实践的乡村建设实验模式。据南京国民政府实业部的调查，当时全国从事乡村建设工作的团体和机构有 600 多个，先后设立的各种实验区达 1000 多处。其中比较著名的有梁漱溟的邹平实验区、陶行知的晓庄实验区、晏阳初的定县实验区、鼓禹廷的宛平实验区、黄炎培的昆山实

---

① 《梁漱溟全集》第五卷，山东人民出版社 2005 年版，第 44 页。

验区、卢作孚的北碚实验区、江苏省立教育学院的无锡实验区、齐
鲁大学的龙山实验区、燕京大学的清河实验区等。梁漱溟、晏阳
初、卢作孚、陶行知、黄炎培等一批名家及各自领导的社会团体，
使"乡村建设运动"产生了广泛的国内外影响。费正清主编的
《剑桥中华民国史》，曾专辟"乡村建设运动"一节，讨论民国时
期这一波澜壮阔的社会运动，把当时的乡村建设实践分为西方影响
型、本土型、平民型和军事型等六个类型。

　　1937 年 7 月抗日战争全面爆发后，全国的"乡村建设运动"
被迫中止，只有中华平民教育促进会的晏阳初坚持不懈，撤退到
抗战的大后方，以重庆璧山为中心，建立了华西实验区，开展了
长达 10 年的平民教育和乡村建设实验，直接影响了后来台湾地
区的土地改革，以及菲律宾、加纳、哥伦比亚等国家的乡村改造
运动。

　　"乡村建设运动"不仅在当事者看来"无疑地已经形成了今日
社会运动的主潮"，[①] 在今天的研究者眼中，它也是中国农村社会
发展史上一次十分重要的社会改造活动。尽管"乡村建设运动"
的团体和机构，性质不一，情况复杂，诚如梁漱溟所言，"南北各
地乡村运动者，各有各的来历，各有各的背景。有的是社会团体，
有的是政府机关，有的是教育机关；其思想有的左倾，有的右倾，
其主张有的如此，有的如彼"[②]。他们或注重农业技术传播，或致
力于地方自治和政权建设，或着力于农民文化教育，或强调经济、
政治、道德三者并举。但殊途同归，这些团体和机构都关心乡村，
立志救济乡村，以转化传统乡村为现代乡村为目标进行社会"改
造"，旨在为破败的中国农村寻一条出路。在实践层面，"乡村建
设运动"的思想和理论通常与国家建设的战略、政策、措施密切

---

　　① 许莹涟、李竟西、段继李编述：《全国乡村建设运动概况》第一辑上册，山东
乡村建设研究院 1935 年出版，编者"自叙"。
　　② 《梁漱溟全集》第二卷，山东人民出版社 2005 年版，第 582 页。

相关。

在知识分子领导的"乡村建设运动"中，影响最大的当属梁漱溟主持的邹平乡村建设实验区和晏阳初主持的定县乡村建设实验区。梁漱溟和晏阳初在从事实际的乡村建设实验前，以及实验过程中，对当时中国社会所存在的问题及其出路都进行了理论探索，形成了比较系统的看法，成为乡村建设实验的理论根据。

梁漱溟曾是民国时期宪政运动的积极参加者和实践者。由于中国宪政运动的失败等原因，致使他对从前的政治主张逐渐产生怀疑，抱着"能替中华民族在政治上经济上开出一条路来"的志向，他开始研究和从事乡村建设的救国运动。在梁漱溟看来，中国原为乡村国家，以乡村为根基与主体，而发育成高度的乡村文明。中国这种乡村文明近代以来受到来自西洋都市文明的挑战。西洋文明逼迫中国往资本主义工商业路上走，然而除了乡村破坏外并未见都市的兴起，只见固有农业衰残而未见新工商业的发达。他的乡村建设运动思想和主张，源于他的哲学思想和对中国的特殊认识。在他看来，与西方"科学技术，团体组织"的社会结构不同，中国的社会结构是"伦理本位、职业分立"，不同于"从对方下手，改造客观境地以解决问题而得满足于外者"的西洋文化，也不同于"取消问题为问题之解决，以根本不生要求为最上之满足"的印度文化，中国文化是"反求诸己，调和融洽于我与对方之间，自适于这种境地为问题之解决而满足于内者"的"中庸"文化。中国问题的根源不在他处，而在"文化失调"，解决之道不是向西方学习，而是"认取自家精神，寻求自家的路走"。乡村建设的最高理想是社会和政治的伦理化，基本工作是建立和维持社会秩序，主要途径是乡村合作化和工业化，推进的手段是"软功夫"的教育工作。在梁漱溟看来，中国建设既不能走发展工商业之路，也不能走苏联的路，只能走乡村建设之路，即在中国传统文化基础上，吸收西方文化的长处，使中西文化得以融通，开创民族复兴的道路。他特别强调，"乡村建设，实非建设乡村，而意在整个中国社会之建设。"① 他将乡村建设提到建国的高度来认识，旨在为中国"重建一新社会组织构造"。他认为，救济乡村只是乡村建设的"第一层意义"，乡村建设的"真意义"在于创造一个新的社会结构，"今日中国问题在其千年相沿袭之社会组织构造既已崩溃，而新者未立；乡村建设运动，实为吾民族社会重建一新组织构造之运动。"② 只有理解和把握了这一点，才能理解和把握"乡村建设运动"的精神和意义。

晏阳初是中国著名的平民教育和乡村建设专家，1926 年在河北定县开始乡村平民教育实验，1940 - 1949 年在重庆歇马镇创办中国乡村建设育才院，后改名中国乡村建设学院并任院长，组织开展华西乡村建设实验，传播乡村建设理念。他认为，中国的乡村建设之所以重要，是因为乡村既是中国的经济基础，也是中国的政治基础，同时还是中国人的基础。"我们不愿安居太师椅上，空做误民的计划，才到农民生活里去找问题，去解决问题，抛下东洋眼镜、西洋眼镜、都市眼镜，换上一副农夫眼镜。"③ 乡村建设就是要通过长期的努力，去培养新的生命，振拔新的人格，促成新的团结，从根本上再造一个新的民族。为了实现民族再造和固本宁邦的长远目的，他在做了认真系统的调查研究后，认定中国农村最普遍的问题是农民中存在的"愚贫弱私"四大疾病；根治这四大疾病的良方，就是在乡村普遍进行"四大教育"，即文艺教育以治愚、生计教育以治贫、卫生教育以治弱、公民教育以治私，最终实现政治、教育、经济、自卫、卫生、礼俗"六大建设"。为了实现既定的目标，他坚持四大教育连锁并进，学校教育、社会教育、家庭教育统筹协调。他把定县当作一个"社会实验室"，通过开办平民学校、创建实验农场、建立各种合作组织、推行医疗卫生保健、传授

---

① 《梁漱溟全集》第二卷，山东人民出版社 2005 年版，第 161 页。

② 同上。

③ 《晏阳初全集》第一卷，天津教育出版社 2013 年版，第 221 页。

农业基本知识、改良动植物品种、倡办手工业和其他副业、建立和开展农民戏剧、演唱诗歌民谣等积极的活动，从整体上改变乡村面貌，从根本上重建民族精神。

可以说，"乡村建设运动"的出现，不仅是农村落后破败的现实促成的，也是知识界对农村重要性自觉体认的产物，两者的结合，导致了领域广阔、面貌多样、时间持久、影响深远的"乡村建设运动"。而在"乡村建设运动"的高峰时期，各地所开展的乡村建设事业历史有长有短，范围有大有小，工作有繁有易，动机不尽相同，都或多或少地受到了邹平实验区、定县实验区的影响。

20 世纪前期中国的乡村建设，除了知识分子领导的"乡村建设运动"，还有 1927 - 1945 年南京国民政府推行的农村复兴运动，以及 1927 - 1949 年中国共产党领导的革命根据地的乡村建设。

"农村复兴"思潮源起于 20 世纪二三十年代，大体上与国民政府推动的国民经济建设运动和由社会力量推动的"乡村建设运动"同时并起。南京国民政府为巩固政权，复兴农村，采取了一系列措施：一是先后颁行保甲制度、新县制等一系列地方行政制度，力图将国家政权延伸至乡村社会；二是在经济方面，先后颁布了多部涉农法律，新设多处涉农机构，以拯救处于崩溃边缘的农村经济；三是修建多项大型水利工程等，以改善农业生产环境。1933年 5 月，国民政府建立隶属于行政院的农村复兴委员会，发动"农村复兴运动"。随着"乡村建设运动"的开展，赞扬、支持、鼓励铺天而来，到几个中心实验区参观学习的人群应接不暇，平教会甚至需要刊登广告限定接待参观的时间，南京国民政府对乡建实验也给予了相当程度的肯定。1932 年第二次全国内政工作会议后，建立县政实验县取得了合法性，官方还直接出面建立了江宁、兰溪两个实验县，并把邹平实验区、定县实验区纳入县政实验县。

1925 年，成立已经四年的中国共产党，认识到农村对于中国革命的重要性，努力把农民动员成一股新的革命力量，遂发布《告农民书》，开始组织农会，发起农民运动。中国共产党认为中国农村问题的核心是土地问题，乡村的衰败是旧的反动统治剥削和压迫的结果，只有打碎旧的反动统治，农民才能获得真正的解放；必须发动农民进行土地革命，实现"耕者有其田"，才能解放农村生产力。在地方乡绅和知识分子开展"乡村建设运动"的同时，中国共产党在中央苏区的江西、福建等农村革命根据地，开展了一系列政治、经济、文化等方面的乡村改造和建设运动。它以土地革命为核心，依靠占农村人口绝大多数的贫雇农，以组织合作社、恢复农业生产和发展经济为重要任务，以开办农民学校扫盲识字、开展群众性卫生运动、强健民众身体、改善公共卫生状况、提高妇女地位、改革陋俗文化和社会建设为保障。期间的尝试和举措满足了农民的根本需求，无论是在政治、经济上，还是社会地位上，贫苦农民都获得了翻身解放，因而得到了他们最坚决的支持、拥护和参与，为推进新中国农村建设积累了宝贵经验。与乡建派的乡村建设实践不同的是，中国共产党通过领导广大农民围绕土地所有制的革命性探索，走出了一条彻底改变乡村社会结构的乡村建设之路。中国共产党在农村进行的土地革命，也促使知识分子从不同方面反思中国乡村改良的不同道路。

"乡村建设运动"的理论和实践，说明在当时的现实条件下，改良主义在中国是根本行不通的。在当时国内外学界围绕乡村建设运动的理论和实践，既有高歌赞赏，也有尖锐批评。著名社会学家孙本文的评价，一般认为还算中肯：尽管有诸多不足，至少有两点"值得称述"，"第一，他们认定农村为我国社会的基本，欲从改进农村下手，以改进整个社会。此种立场，虽未必完全正确；但就我国目前状况言，农村人民占全国人口百分之七十五以上，农业为国民的主要职业；而农产不振，农村生活困苦，潜在表现足为整个社会进步的障碍。故改进农村，至少可为整个社会进步的张本。第二，他们确实在农村中不畏艰苦为农民谋福利。各地农村工作计划虽有优有劣，有完有缺，其效果虽有大有小；而工作人员确脚踏实地在改进农村的总目标下努力工作，其艰苦耐劳的精神，殊足令人起敬。"① 乡村建设学派的工作曾引起国际社会的重视，不少国家于二次世界大战后的乡村建设与社区重建中，注重借鉴中国乡村建设学派的一些具体做法。晏阳初 1950 年代以后应邀赴菲律宾、非洲及拉美国家介绍中国的乡村建设工作经验，并从事具体的指导工作。

总起来看，"乡村建设运动"在中国百年的乡村建设历史上具有承上启下、融汇中西的作用，它不仅继承自清末地方自治的政治逻辑，同时通过村治、乡治、乡村建设等诸多实践，为乡村振兴发展做了可贵的探索。同时，"乡村建设运动"是与当时的社会调查运动紧密联系在一起的，大批学贯中西的知识分子走出书斋、走出象牙塔，投身于对中国社会的认识和改造，对乡村建设进行认真而艰苦地研究，并从丰富的调查资料中提出了属于中国的"中国问题"，而不仅是解释由西方学者提出的"中国问题"或把西方的"问题"中国化，一些研究成果达到了那个时期所能达到的巅峰，甚至迄今难以超越。"乡村建设运动"有其独特的学术内涵与时代特征，是我们认识传统中国社会的一个窗口，也是我们今天在新的现实基础上发展中国社会科学不能忽视的学术遗产。

历史文献资料的收集、整理和利用是学术研究的基础，资料的突破往往能带来研究的创新和突破。20 世纪前期的图书、期刊和报纸都有大量关于"乡村建设运动"的著作、介绍和研究，但目前还没有"乡村建设运动"的系统史料整理，目前已经出版的文献多为乡建人物、乡村教育、乡村合作等方面的"专题"，大量文献仍然散见于各种民国"老期刊"，尘封在各大图书馆的"特藏部"。本项目通过对"乡村建设运动"历史资料和研究资料的系统收集、整理和出版，力图再现那段久远的、但仍没有中断学术生命的历史。一方面为我国民国史、乡村建设史的研究提供第一手资料，推进对"乡村建设运动"的理论和实践的整体认识，催生出

---

① 孙本文：《现代中国社会问题》第三册，商务印书馆 1944 年版，第 93 - 94 页。

高水平的学术成果;另一方面,为当前我国各级政府在城乡一体化、新型城镇化、乡村教育的发展等提供参考和借鉴,为乡村振兴战略的实施做出应有的贡献。

由于大规模收集、挖掘、整理大型文献的经验不足,同时又受某些实际条件的限制,《20世纪"乡村建设运动"文库》会存在着各种问题和不足,我们期待着各界朋友们的批评指正。

是为序。

2018 年 11 月 30 日于北京

编辑体例

一、《20世纪"乡村建设运动"文库》收录20世纪前期"乡村建设运动"的著作、论文、实验方案、研究报告等，以及迄今为止的相关研究成果。

二、收录文献以原刊或作者修订、校阅本为底本，参照其他刊本，以正其讹误。

三、收录文献有其不同的文字风格、语言习惯和时代特色，不按现行用法、写法和表现手法改动原文；原文专名如人名、地名、译名、术语等，尽量保持原貌，个别地方按通行的现代汉语和习惯稍作改动；作者笔误、排版错误等，则尽量予以订正。

四、收录文献，原文多为竖排繁体，均改为横排简体，以便阅读；原文无标点或断句处，视情况改为新式标点符号；原文因年代久远而字迹模糊或纸页残缺者，所缺文字用"□"表示，字数难以确定者，用（下缺）表示。

五、收录文献作为历史资料，基本保留了作品的原貌，个别文字做了技术处理。

编者说明

从社会的最基层入手，建立一个以中国固有精神为主，吸收西方文化长处的新社会组织，进而解决中国的经济社会问题，是山东乡村建设研究院及其邹平实验区用力较多的实验。实验县政府为此成立了合作事业指导委员会，在经济上探索建立社会化的经济结构，推广农业科学技术，实行现代化的"合作经济"。实验县1932年在邹平北部棉业改进区进行品种改良，秋天成立了梁邹美棉运销合作社，负责棉花的收购、贷款、评级、打包、销售和分配。经济合作是邹平乡村建设实验具有成效的工作之一。1933年山东乡村建设研究院编印了《梁邹美棉运销合作社第二届概况报告》；1935年编印了《梁邹美棉运销合作社第三届概况报告》。本次编辑，将两书合为一卷，收入《20世纪"乡村建设运动"文库》。

梁邹美棉运销合作社第二届概况报告

山东乡村建设研究院　编

梁邹美棉运销合作社社员家庭人口比较图

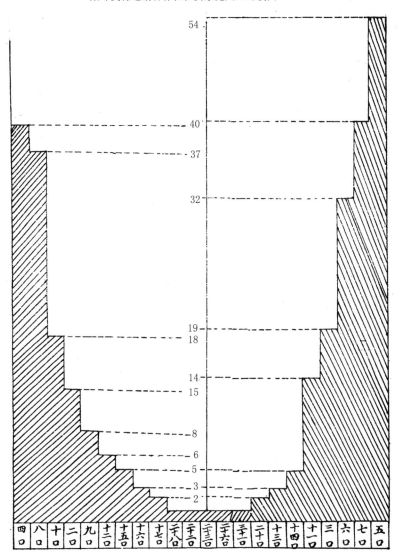

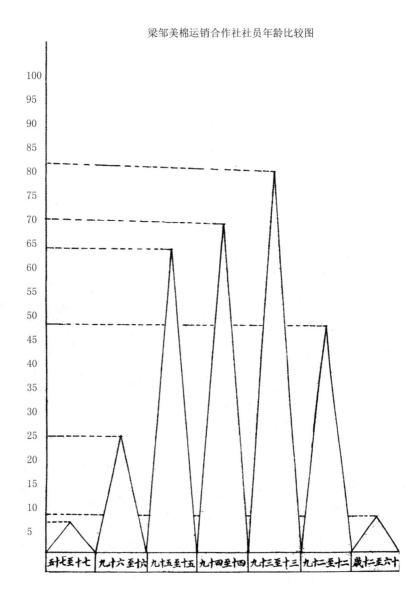

梁邹美棉运销合作社社员年龄比较图

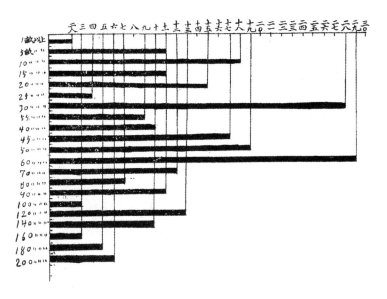

邹平梁邹美棉运销合作社社员农场面积比较图

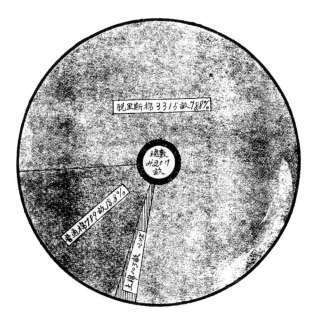

邹平梁邹美棉运销合作社社员各种棉田比较图

梁邹美棉运销合作社社员脱字棉田比较图

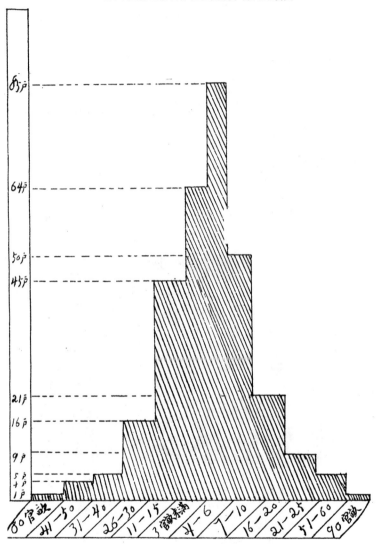

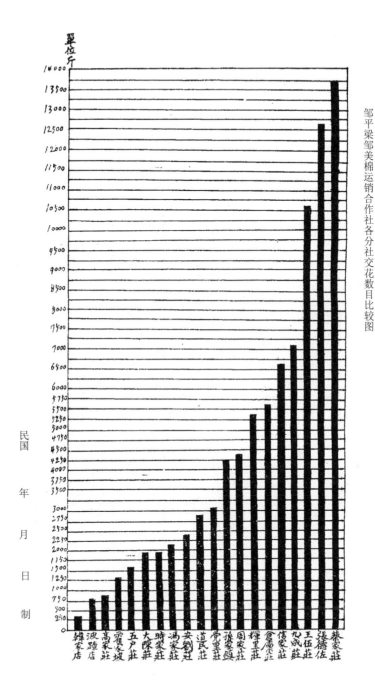

邹平梁邹美棉运销合作社各分社交花数目比较图

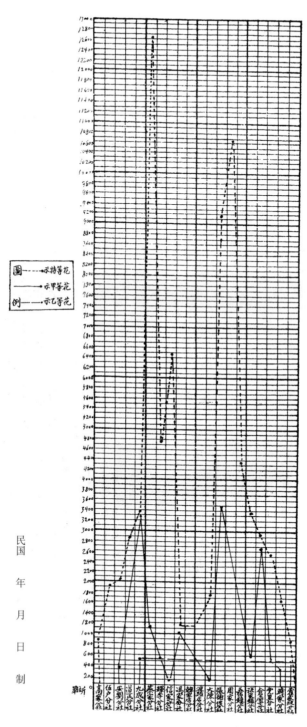

邹平梁邹美棉运销合作社各分社缴花品级数量比较图

民 国　年　月　日　制

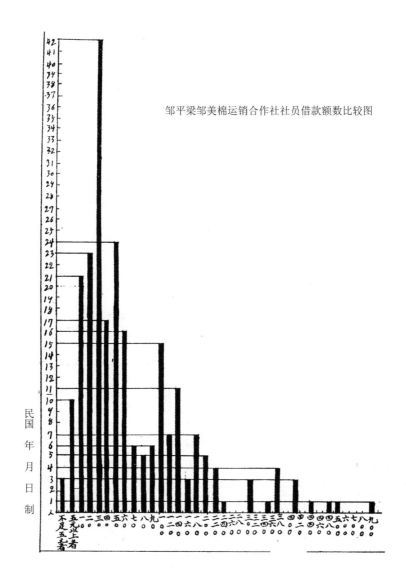

邹平梁邹美棉运销合作社社员借款额数比较图

本届各社社员借款最高最低比较图

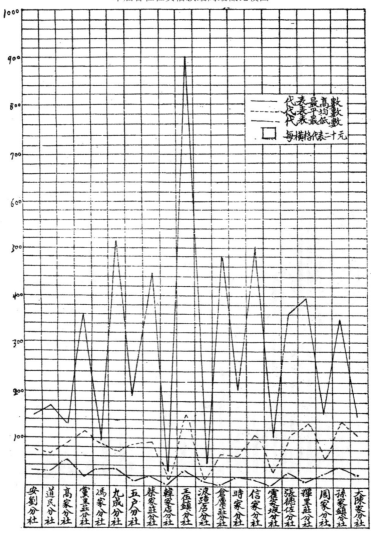

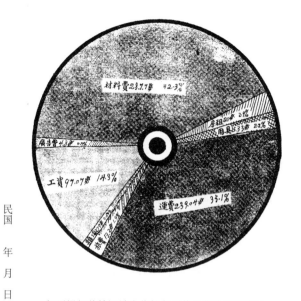

邹平梁邹美棉运销合作社各项营业费分配比较图

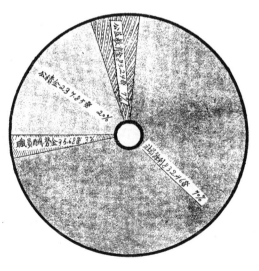

邹平梁邹美棉运销合作社盈余金分配百分比较图

目　次

沿革

　　孙家镇古名"梁邹"，行政上属邹平第六区；改区设乡后，划归十二乡。地居县境北部小清河南岸，土质砂壤，最宜植棉；故以棉区见称。交通，小清河直通济南，周青路汽车过镇经邹平至周村，一小时半可达。集市每五日一次，逢期遐迩咸来，交易远达数十里，为附近一带村庄之经济中心。入秋，棉市尤盛，与县属田镇并称为两大棉市。商号，镇内有花栈、银号、杂货、米粮等业三十余家。青岛华新纱厂有常年驻设花栈，其他青沪济各厂亦多临时驻设者。

　　棉区面积，据华新纱厂最近调查：附近五十六村，约百七十方里，棉田计共三万八千九百零五亩。产量按中稔每亩籽棉百斤，年约四万担。品种有中棉（俗称小花）与美棉二种。内中棉又有细绒粗绒之分：细绒棉原当地土种，品质尚佳，惟出穰少；粗绒棉系自鲁西来者，品质为逊——但出穰较多，且含潮性大，商人贩之有利，故多种者。美棉亦分金氏棉与脱里司两种。金氏棉系由日商花行散布轮种，距今有十余年之历史，产量较中棉为丰，品质亦较优，一时农民种者颇多，市场有"梁邹美棉"之称，询当地棉业史上之光荣页也；惜农民涣散，纯种无由保持，加以商贩搀粗使假成风，棉质随日趋退化，往日盛誉，乃渐消失。脱里司棉则为最近本院试种提倡者；产量品质，为他种冠。

　　棉花产销情形，向由轧花商在集市或径往农家购入籽棉，轧成花衣，卖于花客或镇内驻设花栈，打包运销外埠（张店最多）花行，经花号或洋行手转入纱厂。计棉花自农家到纱厂，中间经过手续四层之多！榨取方法，因层而异：买贱卖贵，操纵价格者有之；利用衡器，加磅涨称者亦有之；计量估值，索抽租佣者有之；搀粗施潮，欺人渔利者亦有之。于纯净之美棉，均杂入小花；原干花衣，必施以潮份；习惯日坏，品质愈劣。年来外棉涌进如潮，土棉堆积滞销；此不良产销组织，实其坐因也。

本院鉴于乡村建设，重在农村经济。棉业隆替，既为实验县农村经济命脉所关，宜如何改良品种以适应纱厂细纱原料之需要，如何改善产销情形以提高棉产品质而期农家收益之增进，乃目前当务之急。几经调查，再四策划，随决定从棉农合作组织入手，以解决此最复杂牵连且多变化之经济问题。二十一年春，先由农场选脱里司美棉种四千余斤，推广于孙家镇一带棉农二百一十九户表证试种。入秋即以前项表证棉农家为社员，分村组织运销合作社十五处。复将各社联合组织，取名"梁邹美棉运销合作社"，社址即设于孙家镇。此本院诱导乡农组织棉业运销合作之沿革情形也；详请参阅乡村建设旬刊二卷十九期上届梁邹美棉合作社概况报告。

进展

过去因属开创，困难自多，姑息迁就，乃事理之常；正如上届报告所说："处在今日这个散漫无章的农村状况之下，能够得一点的成绩，我们也不能不为之庆幸"。本届指导进行，总算有了线索，因革捐益，讨了不少便宜；显著进展，乃其必然的结果，并非偶然。至其进展之程度如何，速率如何，以及各项进展迟速不同的原因安在，以次列表说明之：

（一）两年来分社进展概况表

年份\项别\名称	民国二十一年					民国二十二年					备考
	村数	社员（户）	棉田	借款（元）	运销额（斤）	村数	社员	棉田（亩）	借款（元）	运销额（斤）	
蔡家分社	1	15		1170	1797.5	4	47	453	4090	13751.0	运销额系指该社当年所缴良花衣数量
王伍镇分社	1	13		785	1105.0	1	14	295	2200	10663.0	
周家庄分社	1	12		423	734.5	1	17	196	1055	4394.5	
大陈家分社	1	13		296	685.0	1	7	87	670	1902.0	
辉李庄分社	1	16	未明	250	275.0	2	15	220	2000	5306.5	
孙家镇分社	1	10		229	542.0	2	12	163	1220	3928.5	
韩家店分社	1	14		65	246.0	2	8	15	75	285.0	
霍家坡分社	1	34		52	94.0	1	16	72	484	1329.5	
冯家分社	1	8		223	863.0	1	5	49	415	2198.0	

续表

年份\项别名称	民国二十一年					民国二十二年					备考
	村数	社员（户）	棉田	借款（元）	运销额（斤）	村数	社员	棉田（亩）	借款（元）	运销额（斤）	
时家分社	1	12		40	137.0	3	10	98	630	1971.0	表中廿一年棉田亩数上届报告未详计数系按上届分布种籽数推出
五户分社	1	18				1	7	54	325	1604.0	
赵家分社	1	11									
车郭庄分社	1	12									
东白家分社	1	12		30	100.0						
西韦家分社	1	17	未明	20	52.5						
信家分社						1	16	252	1770	6601.5	
波蹄店分社						2	14	40	277	889.0	
道民分社							14	140	930	2894.0	
张德佐分社						3	33	560	3360	12654.0	
九成分社						2	26	281	2000	7178.0	
仓廪分社						3	19	205	1227	5605.0	
高家分社						1	6	45	240	897.5	
安刘分社						2	10	149	755	2410.5	
党里庄分社						1	5	90	540	3034.0	
合计	15	219	667	3583	6762.0	35	306	3464	24128	89496.5	

（二）总社进展概况比较表

项别		民国二十一年	民国二十二年	增加		备考
				数目	百分率	
社员	社数	15	20	5	25	
	人数	219	306	87	40	
包括村数		15	35	20	125	

项别		民国二十一年	民国二十二年	增加		备考
				数目	百分率	
棉田面积		667（亩）	3464	2797	419	
放款数额		3583.00（元）	24128.00	20545.00	673	
运销额	花衣	6762.0（斤）	89496.5	82734.5	1224	花衣专指改良美棉至普通美棉均不计入
	价值	3245.76（元）	38852.01	35606.25	1097	
全年营业费		134.05（元）	681.03	546.98	408	
盈余	社员余利		832.46			
	公积金		237.85	237.85		
	公益教育金		83.24	83.24		
	职员酬劳金		35.68	35.68		

上表进展速率最大者，为运销额花衣数，本届实增十二又四分之一倍；速率最小者为社员社数及人数，只百分之二十五。所以然者，缘本届社员入社，以实际缴花运销为准则，打破过去以表证农家为基础之形式制度，一禀农民自由意志。其在上届入社未曾缴花之社员及分社，均一律取消或解散。证以表（一），本届旧社社员人数，多半少于上届，并有减少至一倍以上者；分社取消者亦达三分之一；则其中道理，不解自晓。至进展程度，要以社员每户平均缴花量代表，最较准确。即以本上两届社员人数，各除其运销花衣额数。则本届每户二百九十二斤之平均数，适为上届三十斤之九又十分之七倍。再表（二）全年营业费比较数，本届较上届增五百四十六元九角八分，系相对数目；若论绝对比较数，则本届实减百分之三十。如下表：

（三）两届营业费绝对额增减比较表

项别	民国二十一年	民国二十二年	增减		备考
			数目	百分率	
榨包用绳	0.175（元）	0.156	10.019	11	本表数目以包为单位
榨包用布	0.500	0.337	10.163	32	
榨包工资	0.150	0.150			
短工工资	0.025	0.016	10.009	36	
水运脚力	0.500	0.200	10.300	60	
陆运脚力	0.100	0.210	10.110	110	
房租	0.072	0.034	10.038	53	
营业用具	0.030	0.026	10.004	13	
广告费		0.008	10.008		
旅费		0.022	10.022		
杂费	0.122	0.007	10.116	94	
合计	1.675	1.166	10.509	30	增减栏一代表减号十代表增号

上列数字，范围仅限于邹平旧六区属，孙家镇一带庄村。其他如小清河北岸之花沟田镇，毗壤章丘齐东之明家集涯镇，均亦县属产棉丰饶之区。惜以院内事多人少，致无力顾及。尤其关于合作方面，以全省实验县见称之邹平，负合作指导责任者仍仅一人。列入实验计划之合作指导组织，因种种关系，亦未能实现。倘能大开合作之门，俾县属各产棉区域，普获参加合作之机会，则本届社务进展，当不止如上述耳。

组织

　　运销合作社原以群集小生产者，用经济手段，大量贩卖其生产品，避免榨削，加增收益，扩大生产力，为其主要意义。本社取名"梁邹美棉运销合作社"其在经济上之意义，当亦不能外此。唯此外更有其技术的意义在。即一面在谋社员经济收益的加增，同时兼助棉农生产技术之改良；所谓双重的意义是也。事缘我国农民知识低陋，技术拙劣，单以经济收益的目光来提倡运销合作，则收益不易增加，合作难期发展；若离开合作组织来谋农业技术的改良，亦属同样的不易收效。证诸往事，历历可数。民国建元以来，各省所设农林技术指导机关，无虑数百所！耗公帑，又何止千万！时至今日，农业技术落伍依然，农村经济破产益厉。即就棉业一项而言，美棉提倡二十年，欲求千担以上之纯净产品，历遍全国，亦不可得。坐使洋棉入口，源源而来，金钱外溢，年达数万万元之巨。此诚中国农业改良史上之痛心事也！

　　合作社机关组织：大都设执行委员会或理事会，执行社务；监察委员会或监事会，来监督社务，以济其偏；复置社员大会于其上，为最高权力机关，奠民主自治之基；乃英德合作先进国之有效制度，各国所同然。我国效颦外邦，各省及中央合作法令，对合作社机关组织之规定，照样画葫芦的毫无他异。唯本社感于：（一）各村分社社员，能运用文字符号者，多则四五人，少则一二人，职员太多，选举难得其人；（二）乡村风尚纯厚，接触比较容易，若于执行之旁，设监督机关，易阻其好义负责之心，反滋掣肘攻击之弊；所以机关组织，只有执行，不设监察，——所有监察职务，概委之于政府指导人员提携之社员大会。俾职员力量，得以集中，办事效率，易期增进。

甲、分社

照分社章程第二条之规定："凡住居本社区域内之忠实农民，种有脱里司美棉者，均得声请干事会许可，为本社社员"。由合于上述资格之棉农五人，照颁发空白章程，填报政府派员指导，成立社会大会，推选社长一人，干事二人至四人，分任收花、管库、记账等事。分社名称即以庄名代；如区域属二庄名以上之分社，则就庄名各择一字冠之。社员有尽先承领优良籽种，及防灾药品，并低利借款之权利。同时，亦有接受技术指导，保存籽种，共同交花运销遵守社章之义务。社股以社员交社委托运销棉花充之，不另征募。兹将各分社职员列表于下：

姓名	年龄	职务	社别	任职日期	备考
韩智远	40	社长	韩家店分社	廿二年八月十七日	
韩俊三	48	干事	同上	同上	
韩凤翔	37	干事			
霍淑容	29	社长	霍家坡分社	廿二年八月廿七日	
霍明哲	48	干事	同上	同上	
夏树森	36	干事			
霍淑滨	50	干事			
张立亭	46	社长	张德佐分社	廿二年八月廿九日	
张明文	36	干事	同上	同上	
王寿堂	38	干事			
张著三	41	干事			
王日华	34	社长	五户分社	廿二年八月廿八日	
李光璧	41	干事	同上	同上	
王仲彬	28	干事			
李光荣	37	干事			

姓名	年龄	职务	社别	任职日期	备考
信奎三	44	社长	信家分社	廿二年八月廿一日	
李星文	31	干事	同上	同上	
张仁山	24	干事			
张安玉	70	干事			
朱守田	58	社长	周家分社	廿二年八月廿五日	
董元泽	26	干事	同上	同上	
许宗申	35	干事			
许学杰	24	干事			
高铭选	39	社长	高家分社	廿二年八月二十日	
高家亨	40	干事	同上	同上	
高启贵	45	干事			
冯汝能	57	社长	冯家分社	廿二年九月四日	
赵世昌	60	干事	同上	同上	
冯汝良	71	干事			
冯汝让	40	干事			
苗恒昌	53	社长	安刘分社	廿二年九月廿日	
刘英南	58	干事	同上	同上	
苗凤桐	60	干事			
张明德	36	干事			
李都亭	29	社长	党里庄分社	廿二年十月一日	
孙聿清	52	干事	同上	同上	
李学礼	33	干事			
李子宠	62	社长	王伍镇分社	廿二年八月十八日	
徐华亭	42	干事	同上	同上	
王文长	55	干事			
徐方蒲	28	干事			
蔡志璞	26	社长	蔡家分社	廿二年八月十五日	

姓名	年龄	职务	社别	任职日期	备考
蔡建业	25	干事	同上	同上	
李兴德	24	干事			
李绥长	39	社长	辉里庄分社	廿二年八月廿二日	
李恩榕	56	干事	同上	同上	
李美亭	38	干事			
卢立亭	66	干事			
蔡会盟	24	干事	蔡家分社	廿二年八月十五日	
张毓德	29	社长	道民分社	廿二年九月九日	
张滋春	59	干事	同上	同上	
张滋茂	53	干事			
张丕玉	42	干事			
陈玉书	52	社长	大陈分社	廿二年八月卅一日	
陈秀岚	30	干事	同上	同上	
陈玉香	52	干事			
成立保	58	社长	九成分社	廿二年九月十六日	
成会津	40	干事	同上	同上	
成守珍	47	干事			
成兆文	31	干事			
时尚璧	59	社长	时家分社	廿二年九月廿四日	
时象亨	39	干事	同上	同上	
时长柱	45	干事			
时长镐	31	干事			
王毓芹	55	社长	仓廪分社	廿二年九月十日	
王鸿章	31	干事	同上	同上	
周树声	37	干事			
王传绅	40	干事			
夏尔明	26	社长	波蹅店分社	廿二年八月十七日	

姓名	年龄	职务	社别	任职日期	备考
景茂林	38	干事	同上	同上	
崔永秀	51	干事			
石方璞	41	干事			
马文斋	43	社长	孙家镇分社	廿二年八月十九日	
马敬桥	39	干事	同上	同上	
李积容	39	干事			
马印堂	52	干事			
王子美	50	干事			

乙、总社

　　总社为分社之联合组织，与合作社联合会同其性质。唯他种合作社业务，比较简易，得离联合会单独经营；而联合会之设立，亦往往在合作具有相当历史以后。此则总分社关系密切，业务不容分离，迄无离总社而独立之分社。盖此种运销事业，非消费信用等合作社之以十数社员即可经营者，所可比拟。故本届简章改订"总社之组织，至少须有分社十社"。总社职员：设社务委员三人或五人，由全体社员代表大会选任。其各分社代表人数，以社员人数多寡为标准。事务员一人至三人，由社务委员会就分社职员或社员选聘之。此外指导员二人，一关组织，一任技术；均研究院所派充，驻社服务。其他均详简章，不赘。附总分社简章暨组织系统图（见下页图）：

梁邹美棉运销合作总社简章

第一条　定名：本社定名为"梁邹美棉运销合作总社"。

第二条　宗旨：本社以办理事业区域内各村美棉运销事宜，以

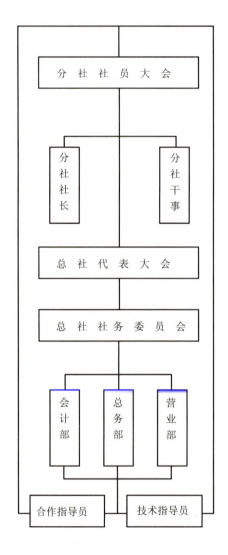

梁邹美棉运销合作社组织系统图

促进乡村经济之发展为宗旨。

　　第三条　区域：本社暂以邹平县第十二乡及附近各村庄为事业区域。

　　第四条　社址：本社社址暂设于孙家镇。

　　第五条　织组：本社由各村分社十社以上组织之。对外借款负无限责任。

第六条　违反本社章则，经社员大会之决议认为必须除名者，得取消其社籍。

第七条　资金：本社资金以社员委托运销美棉充之，不另征募社股；但业务上遇有必要时，得由社员大会决定向外举行借款。

第八条　职员：

一、本社设社务委员三人，总理全社之事务，由社员大会推选之；任期一年，连选得连任。

二、各委员得互推一人为主席，负社务执行之责。

三、事务员一人至三人，掌理文书、会计、收花、整花、运销等事；由社务委员会就委员或分社社员遴聘之。

四、本社职员，暂时均系义务职；但因公需费，得经社员大会议决支付之。

第九条　会议：

一、社员大会。社员大会为社务议决之最高机关，以各分社之社长或其代表人为法定出席人，每两月开会一次。遇必要时，得由社务委员随时召集之。

二、社务委员会。社务委员会，由社务委员组织之；每半月开会一次。遇必要时，得由主席随时召集之。

第十条　营业：

一、收集事宜：各分社采集之棉花，俱须送交社内销售；送社日期，由社务委员会先期通知之。

二、评定事宜：棉花收入时，即由社务委员当同该分社长或其代表人评定等级；如发现有使水搀假等事，得即时退还其棉花，并得斟酌其情形提交社员大会议决予以警告或除名之处分。

三、整制事宜：棉花评定等级后，本社得应用社借或置备之轧花机、打包机、打油机等设备，将棉絮、棉籽加以相当之整制，使之便于销售。

四、贷借事宜：各分社交来棉花，有即时需用款项者，得按其棉花质量酌与若干之贷款；但至多不得超过货品时价之七成。利息由社员大会酌定之。

五、销售事宜：棉花、棉籽整制后，须共同销售；其销售地点、时间及方法，由社务委员决定执行之。

六、选种事宜：本地试验成功之适宜棉种，得由本社采集分配于各社员，以期本社产品标准化。

第十一条　损益处分：

一、本社纯利以百分之二十提充公积金，百分之三作职员酬劳金，百分之七作社员教育费；其余百分之七十，按社员委托运销美棉数量分配之。

二、本社如有意外损失，其责任由全体社员共同负担之。

第十二条　附则：

一、本社各种办事细则，另定之。

二、本简章自经社员大会议决公布之日施行。

三、本简章如有不适宜处，得由社员五分之一人数之提议，提交社员大会议决修正之。

梁邹美棉运销合作社分社通用简章

第一条　定名：本社定名为"梁邹美棉运销合作社〇〇村分社"。

第二条　社员：

（一）凡本村忠实勤劳之农民种有脱里斯美棉者，均得加入本社为社员。

（二）社员入社后，有违犯本社章则者，得经社员大会议决予以警告或除名之处分。

第三条　职员：本社设社长一人，干事二人至四人，分掌全社业务。社长及干事，均由社员大会推选之；任期一年，连选得连任。

第四条　会议：

（一）社员大会，由全体社员组织之；每三月开会一次，必要时得召集临时会议。

（二）干事会议，由社长及干事组织之；每半月举行一次，并得随时召开临时会议。

第五条　业务：

（一）借款事宜。调查各社员种棉亩数之多少，报告总社，预请借款。

（二）收集运送事宜。各社员棉花收采后，均须交付社内分别记载清楚，轧花脱籽后，将花衣送交总社评定等级，共同销售之。

（三）检验棉花。社员送交棉花时，本社得按户分等记载之。遇有搀假使水等情，得即饬其退回，并酌量情形提交社员大会议决予以警告；连犯三次者，即予以除名之处分。

（四）播种事宜。调查社员所需棉种，以便报告总社发给，作为次年播种之用。

（五）分配事宜。总社将棉花脱售后，发来货价，即按照社员交来棉花之多少及品质之优劣分配之。

第六条　种棉：本社社员均须一律种植改良脱里斯美棉，不得混种。

第七条　资金：本社无固定资金；需用款项时，得由社员大会议决临时摊集。

第八条　盈余处分：本社盈余，按下列规定分配之——

（一）公积金百分之二十；

（二）职员酬劳百分之十；

（三）余依各社员送交棉花之多少及优劣分还之。

第九条　附则：本社公积金，由干事会负责保管之。

本简章自社员大会通过之日施行。

复次，总分社各职员均系义务，概不支薪，社章上原有明文规定，本无提及的必要。唯总社社务委员，多住镇外，来社办公，回家吃饭，事实诸多不便。因而本年九月社员代表大会年会，有"总社委员住社办公期间，由社按日津贴伙食洋四角"之决议案。但各委员服务心切，视社如家，咸拒而不受。只以年终结算应得区区酬金，贴补饭食。尤有进者，本届业务，较前增至十倍以上，职员未增一人。社务委员二人，分掌总务营业会计三部，事务繁忙，本可按照社章规定，酌聘事务员襄助办理；唯恐影响开支，关系前途，亦未遴聘。所有事务员均由指导员兼。即社内抬包、抗称、打水、煮饭等事，亦均系指导员及社务委员自办，社内并无半个听差或工友。此皆本届社务猛晋基因所关，不敢不告者也。兹附总社职员一览表：

职别	姓名	年龄	籍贯	学籍	经历	备考
社务委员	郭俊荣	41岁	山东邹平	邹平县立师范讲习所毕业	曾充小学教员八年，第六区区立小学事务主任兼教员；现任第十一乡学教员兼会计主任	别号仁级
社务委员	蔡志璞	25岁	邹平	山东监务干部训练班毕业		
社务委员	李仁苍	39岁	邹平			
技术指导员	乔政安	31岁	平度	金陵大学农业专科毕业	曾充中华平民教育促进会华北试验区农业教育部农业推广处主任；现任山东乡村建设研究院农场推广员	讲师
合作指导员	陈以静	30岁	德县	山东工业专门学校山东乡村建设研究院毕业	历充济南市合作指导员，济南市批发合作社经理，沾化县建设局长等职；现任邹平实验县合作专员	镜人
指导员	李守鲁	22岁	广饶	广饶县立初级中学毕业	曾充广饶县度量衡检定分所主任；现任邹平县政府第四科度量衡专员	参如

丙、账簿

社务经营得法与否，为合作社成败所关；账簿清混，又实社务经营能否得法之焦点所在。合作专家邹树文先生谓:"合作事业造端平记账开会"所见至是。账簿组织有单式与复式二种。前者组织单简,眉目易混,清算费时,翔实难期;中国旧式账均属之。后者方法科学,组织严密,收付债产,各有系统,且可资统计,策进未来;欧美近世采用者属之,我国进步银行公司,亦多改用,便利殊多。本社最近改用者,亦后一种。唯式样方法,为适应农民程度与习惯起见,改为线装竖行,与普通有异。其组织关系样式,以次分述之。

一　主要账

本社主要账分日记与总账两种。日记账即旧式流水账,举凡一切会计收支,无论现金转账,均须纳入既定科目,一一登载。每日将收付诸科目,分别结总,益以前存现有二数,平衡收付,以验有无错讹。理与旧账四柱清册相仿佛。此为一切账簿之转记基础,故法律上有原始记录之称。总账意同旧式老账,即清誊账,系日记账之分科转录,所以表达各该会计科目之情形也。其收付平衡,以日计月结测算之。样式如下:

日记表

页数												
民国年	月	日	总账页数	收入			民国年	月	日	总账页数	付出		
				科目	摘要	金额					科目	摘要	金额

总账

页数				户名				
民国　年	月	日	日记页数	摘要	收项	付项	余额	
					金额	金额	收或付	数目

梁邹美棉运销合作社日计表

民国二十二年十二月十五日

收项							科目	付项						
万	千	百	十	元	角	分		万	千	百	十	元	角	分
							委销货价	3	5	7	9	3	6	0
3	5	7	9	3	6	0	进货							
							售花	1	8	3	4	7	1	0
							借入款		5	7	8	0	9	0
2	4	1	2	8	0	0	放款							
			1	5	3	3	营业用具							
		3	0	5	7	1	营业费							
							暂记存款			3	8	6	0	0
			6	4	9	6	现金							
6	0	3	0	7	6	0	合计	6	0	3	0	7	6	0

第七十号

梁邹美棉运销合作社会计月报　第　号

中华民国二十二年十一月份

会计科目	付项·总数 十万	万	千	百	十	元	角	分	付项·余额 万	千	百	十	元	角	分	收项·余额 万	千	百	十	元	角	分	收项·总数 万	千	百	十	元	角	分
委销货价		3	2	7	2	2	8	8	3	2	1	7	2	0	0	3	2	1	7	2	0	0			5	5	0	8	8
进货			8	4	9	7	6	8																2	6	7	1	6	8
售花		1	8	3	4	7	1	0	1	8	3	4	7	1	0														
借人款		2	4	1	2	8	0	0		5	7	8	8	9	0								1	8	3	4	7	1	0
放款																2	4	1	2	8	0	0		4	1	2	8	0	0
营业用具																		3	1	5	3	3				1	5	3	3
营业费					7	0	0											3	0	5	4	9		3	3	7	5	4	9
暂记存款				4	5	2	0	0		3	3	8	6	0	0											6	6	0	0
利息																													
公积金																													
教育费																													
酬劳金																													
杂损益																													

续表

付项 余额							付项 总数								会计科目	收项 余额							收项 总数							
万	千	百	十	元	角	分	十万	万	千	百	十	元	角	分		万	千	百	十	元	角	分	十万	万	千	百	十	元	角	分
5	6	6	8	6	0	0		7	6	1	5	4	4	8	现金	5	6	6	8	5	1	8		7	6	2		9	6	6
					0	0	1	5	2	3	7	4	1	4	合计		6	6	8	6	0	0	1	5	2	3	7	4	1	4

二　补助账

补助账者，即会计科目之分户记录，为详明总账而设，故亦名分户账。总账以科目为记账对象：如借入若干，营业几何。此则以科目内之户名为记账对象：如借入科目内，甲行若干，乙行若干；营业科目内，房租几何，运费几何，等是也。本社为谋农民记账简易起见，组织务求简单。所以补助账只限于放款、委销、营业三种。其子目收支较少之进货、暂存、用具、售花、现金等科目，均于转入总账后，不复另设分户。补助账之式样如下：

运销放款分户账

页数			借款人		利率	担保人	到期			
民国年	月	日	总账页数	借约号数	摘要	借入	付还	结欠	日数	利息	清结
						千百十元角分	千百十元角分	千百十元角分		十元角分	年月日

委销分户账

页数					姓名				
民国年	月	日	总账页数	摘要	品级	单位价格	收项	付项	余额	收据号数	重量合计
							千百十元角分	千百十元角分	千百十元角分		万千百十斤半

营业费账

页数					户名																	
					收项					付项					余额							
民国年	月	日	总账页数	摘要	千	百	十	元	角	分	千	百	十	元	角	分	收或付	千	百	十	元	角	分

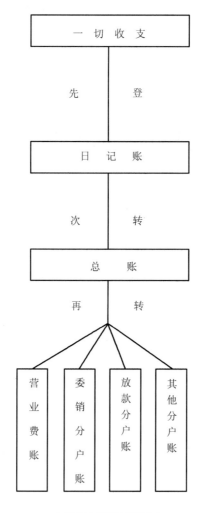

各账组织简明系统图

业务

（甲）主要业务

一　收花

收花云者，系收集社员籽花或花衣，施以去籽、打包工程，使成市场商品，以便运销之谓也。本届收花，在分社为籽花，在总社为花衣。虽细则规定："凡分社收花在三千斤以下者，得向总社径送籽花"；然此种事实，并未发现。故本年总社所收者，仍一律为花衣。兹将收花实施细则录下：

（一）本社所收棉花，均以社员自种之改良脱字美棉为限。

（二）收花先由各村分社社员送交所属分社，再由分社汇总送交总社以便打包运至外埠推销。

（三）收花过称，一律按行称（十六两）计算。

（四）棉花送社，均须随时填给收据，以重手续。

（五）分社不收花衣，只收籽棉，以便保留纯种，免除零碎。

（六）总社籽棉花衣兼收：凡分社收花在三千斤以下者得送籽棉；其在三千斤以上者须榨成花衣后，再送总社。

（七）收花标准，籽棉不得杂有僵瓣、着色花朵及草叶等物；花衣不准混入种层、叶片、砂土及其他夹杂物。

（八）无论籽棉花衣，均须原干；其含潮量以百分之十为限。

（九）各社收花，均须备制标准棉样籽棉、花衣各一份，以次鉴别。

（十）本细则由总社社务委员会通过公布施行。

依照细则规定，社员缴入棉花，由社根据下列（一）潮份，（二）纯洁，（三）长度，（四）拉力，（五）色泽，各项标准，施以检查，评定品级，列分特甲乙等。然后过秤称量，按照当地市场价格，定价计值；填发两联缴花收据，一交送花社员收执，一作社内记账传票。本届收花二百一十五号，计重八万九千四百九十六斤又二分之一：内特等占百分之八十三，甲等百分之十六，乙等百分之一。照当地市价计值，三共三万六千九百八十一元七角五分。兹将缴花收据及所收花衣品级数量比较表附后：

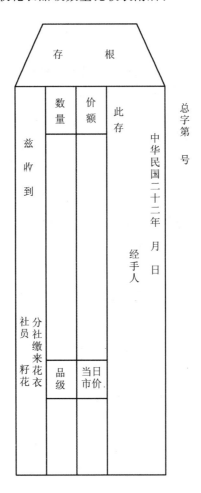

缴花收据

中华民国二十二年　月　日

梁邹美棉运销合作社总社委员分社社长

此据

委销籽花花衣 万千百十斤	价额 千百十元角
兹收到 分社缴来 社员	
品级	备注

品级 社名＼数目	特等		甲等		乙等		总计	
	重量（斤）	百分率	重量（斤）	百分率	重量（斤）	百分率	重量（斤）	百分率
五户分社	1604.0	1.8					1604.0	1.8
蔡家分社	12631.5	14.1	1119.5	1.3			13751.0	15.4
辉李庄社	4784.0	5.3	522.5	0.6			5306.5	5.9
信家分社	6499.0	7.3	102.5	0.1			6601.5	7.4
仓廪分社	2929.5	3.3	2675.5	3.0			5605.0	6.3
张德佐分社	9159.5	10.2	3494.5	3.9			12654.0	14.1

品级 数目 社名	特等		甲等		乙等		总计	
	重量（斤）	百分率	重量（斤）	百分率	重量（斤）	百分率	重量（斤）	百分率
周家分社	4394.5	4.9					4394.5	4.9
王伍镇分社	10663.0	11.9					10663.0	11.9
九成分社	3395.0	3.8	3269.0	3.6	514.0	0.6	7178.0	8.0
波蹚店韩家店分社	1174.0	1.3					1174.0	1.3
道民分社	2894.0	3.2					2894.0	3.2
大陈家分社	1787.0	2.0	115.0	0.1			1902.0	2.1
霍家坡分社	859.0	1.0			470.5	0.5	1329.5	1.5
党里庄分社	2537.0	2.9	497.0	0.5			3034.0	3.4
安刘分社	2054.5	2.3	356.0	0.4			2410.5	2.7
时家分社	1666.0	1.9	305.0	0.3			1971.0	2.2
孙家镇分社	3358.5	3.8	570.0	0.6			3928.5	4.4
冯家分社	1179.5	1.3	1018.5	1.2			2198.0	2.5
高家分社	897.5	1.0					897.5	1.0
合计	74467.0	83.3	14045.0	15.6	984.5	1.1	89496.5	100.0

日可轧籽棉二百斤之谱，需费约八角左右；现各分社所用者，均属此种。经营此种业务，因各社社员环境不一，方法亦各不同；有将棉花包出计籽付资者，有由社员或其家属自行踏轧者，亦有自置轧花车雇工踏轧者。柴油引擎轧花车，按六匹马力挂车十辆工作十小时，每日可轧籽棉万斤，需费不过二十元；较之人力轧花，仅及其半。

二 包装

包装工程，谓以去籽棉花，装制成包，志以标记之方法。此种方法，亦有二种。一用长方架，中挂麻袋，一人司掷花衣，一人蹲入踏压，随掷随压，随压随掷，俟挺后以线锁缝上口，即得长六尺许直径约二尺之柱形包，重百斤至百三十四斤不等。俗名软包。一用榨包机，先于机盒内，敷入包布，再实入花衣，盖以机盖，然后用力转其两端机轴，使机盒底部上升，紧缩花衣，愈升愈转，俟至一定度数，启盖穿绳，穿好拽出，再以布缝其两端即成。此种体积，较软包缩小三分之一，而重量则增至百五十斤左右之定数。本社榨包即用此法。榨时需工五人，每日约榨四十包，需费六元左右。至标记牌号，均于包装竣事，另行印刷，标明棉花品种、产地、重量、号码等，俾易辨识。

三　运销

前项包装工程完毕，即成市场贩卖商品，得随时待价销售。运往济南，运费自孙家镇至小清河码头上船，车力每包需洋一角；船运至济南黄台，每包需费二角；再运商埠花栈，每包亦需二角。本届第一批花衣二百八十包，计磅重三万九千八百八十五斤，于十一月廿七日运抵济南，售于申新纱厂，售价每担（百斤）四十六元，得洋一万八千三百四十七元一角。当拨中国银行，归还借款。第二批三百零四包，四万五千一百六十五斤，十二月廿五日仍售申新，价较前每担低六角，计合二万零五百零四元九角一分。除拨还中行偿清借款本息，净余一万四千四百六十六元三角，带社结算转发。至第二批跌价原因，全属此次闽变与洋棉到沪之赐。不但因跌价损及社内几百元盈余；而且脱售时，舌敝唇焦的说难诉苦，煞费周折。假使这些力气，用到调解闽变上面，恐怕农民们所得的好处，一定要大过几倍！

还有：就是纱厂先生们，一面承认本社出品为国产之最优者，同时出价要以灵宝花作标准，甚至比灵宝花还低些。其中的深奥，令人百思不得其解！

乙、辅助业务

一　向外借款

依据本社简章第七条但书之规定："业务上遇有必要时，得由社员大会议决，向外举行借款"。第五条又有："对外借款负无限责任"之规定。幸承年来金融界注意农村复兴投资，济南中国银行襄理陈隽人氏，对合作事业，素具热心，故本年借款进行，尚称顺利。陈氏于九月十六日莅邹，当日与本社主席郭俊荣氏签订借款合同。第二日开始首批借款，至十月十日止，计借款九号，数共二万四千一百七十八元。十一月二十七日归偿一部，十二月二十五日偿清；当付利息三百零七元七角一分。兹附借款合同：

立合同：济南中国银行（下称中行）梁邹美棉运销合作总社（下称总社）今因梁邹美棉运销合作社员需用款项，由总社负责向中行借款，双方订立合同协议条件如下：

（一）此项借款，暂以五万元为限。由总社将各社员交到之籽花或棉花按市价七折作本借款之担保品。本借款分批支用；但总社得观察各社员需要情况将该款划出一部分先付现金，约定期间缴纳籽花作担保品。

（二）借款利息按月息八厘计算；自中行借于总社之日起，至还款日止，期内在十五日以内者按半月计算，十六日以上、三十日以内者按月计算。

（三）本合同限定为六个月；自民国二十二年九月十六日起，至民国二十三年三月十六日止。满期后如经双方同意，得延长为续定之。

（四）此项借款专供总社贷与该社社员运销美棉之用，不得移作其他用途。借款手续由分社填具借款愿书三联单交总社，再由总社填具借款愿书加附分社借款联单一份，向中行借款；其余二份，一存总社，一存研究院。至于各分社社员借款愿书，于借款时须送交总社审查后，方准借贷。

（五）总社提供担保品之籽棉或棉花，不得少于各社社员所列数目之总数；由总社负责妥为存置，中行派员会同管理。该项仓库之安全，仍由总社负一切保卫之责。

（六）总社将棉花运中棉公司时，应由总社填具请运书送交中行管理员验放；沿途责任仍由总社负之。棉花收妥后，报告中行，在起运时对于中行借款毋庸归还，并得请求中行垫付运费；俟在济出售后，中棉将价款全数拨交中行归还欠款，如有余数听由总社支用。倘将棉花运往地埠，或运济南不交中棉公司，应由总社按照包数先将借款偿还，方能起运。

（七）本合同签字后，由双方向乡村建设研究院及邹平县政府立案。共缮四份，各执一份。

借款者：梁邹美棉运销合作社主席委员　郭俊荣

贷款者：济南中国银行襄理　陈隽人

中华民国二十二年九月十六日

二　运销放款

本社社员经济状况，多属寅吃卯粮，参加合作运销，缴花得款，相距有数月之久，远水近火，实社务进行上之一大难题。加以社员对合作真谛，尚多未能明了，不得不谋所以补救之术。前项借款，即完全为应此需要而设。唯此项放款既在便利运销，与信用合作社专谋金融流通者之意义不同，——无借出入利息差额，以图盈余之必要；故列作补助业务。

放款利率与向外借入者同。手续先由分社社员各按所种棉田亩数，收棉量数，照借款须知所定办法，填具愿书，请分社核借。分社复核无异，得汇集所属社员借款总数，由全体职员署名，填具三联借款愿书并加附社员借款细数表，向总社借用。计本年总社放款共三十号，分社二百八十八号，放款共放二万四千一百二十八元。最高额分社每社四千零九十元，社员每户九百元；最低额分社七十

五元，社员三元。应收利息五百四十一元九角四分，详载年度结算
副表。兹不复赘。附社员借款愿书、借款须知及各社放款号数金
额表：

梁邹美棉运销合作社社员借款愿书　　第　号

社员名称		种棉亩数	官亩 亩 分	估收数量	每官亩 百 十 斤
借款					
银数	大洋　百　十　元整		利率		月利　厘
抵押	籽棉　千　百　十斤		保人		
备注	借款已于　年　月　日收到				

启者：愿照上列条件向本社通融借款，并以前项自种脱字棉交
社运销价款担保归还借款本息不误。此上
　　梁邹美棉运销合作社　分社
　　社员
　　中华民国　年　月　日
　　字　第　号

社员借款细数表

姓名	借款	抵押品			签名盖章	备考
		脱字棉田	估收总数	折价		

社员借款须知

（一）借款社员，限于种有脱字美棉者。

（二）借款手续，先由社员填具借款愿书送分社，再由分社加
具愿书送请总社一并向银行借入。

（三）借款最高额，社员每人不得超过所交棉花时价七成。每
分社最高额，以所交棉花时价五成为限。

秋季借款愿书

中华民国二十二年　月　日

梁邹美棉运销合作社总社

启者：兹以上列条件加附社员借款细数表，请求秋季借款。此上

分社社长　（签名盖章）

分社名称	每亩估计收量	借款总额	抵押
		大洋　千百十元	籽棉　万千百十斤
	百十斤		
棉田亩数	借款社员人数	利率	备考
官亩　千百十亩		利厘	

（四）借款于交花后行之。如在交花以前借款，须有同社社员二人担保，填具借款愿书送社核准方可。

（五）借款利率，一律按月息八厘计算。

（六）借款利息计算，自银行交款之日起，至社员还款之日止。

（七）借款计息，凡在十五日以内者按半月计算，十五日以上、一月以内者按一月计算。

（八）借款本息于棉花运销后，一律偿清。

各社放款号数金额一览表

项别 社名	放款 号数	放款 金额（元）	抵押籽棉（斤）	社员每人借款 最高	社员每人借款 最低	社员每人借款 平均	备考
蔡家分社	44	4090	52810	450	20	93	该社向总社借款共二号
王伍镇分社	14	2060	35300	900	30	147	一号
周家分社	17	1055	19600	150	25	62	二号
信家分社	16	1770	31510	500	20	110	三号
大陈家分社	6	670	7950	160	30	112	四号
辉李庄分社	15	2000	22000	400	15	133	一号
孙家镇分社	9	1220	13630	350	40	136	二号
五户分社	4	325	5400	200	10	81	一号
韩家店分社	8	75	1100	20	3	9	一号
波蹅店分社	14	277	3990	42	7	19	一号
霍家坡分社	16	484	5510	100	5	30	一号
冯家分社	5	415	6800	100	25	83	一号
道民分社	14	930	13300	170	25	66	一号
张德佐分社	33	3360	56000	360	36	102	二号
时家分社	10	630	7000	200	20	63	二号
九成分社	26	2005	28100	520	29	77	一号
仓廪分社	19	1227	20500	480	6	64	一号
高家分社	3	240	4500	130	50	80	一号
安刘分社	10	755	11250	150	25	75	一号
党里庄分社	5	540	9000	360	18	108	一号
平均		1206.4	17762.5	287	22	83.8	
合计	288	24128	355250				

三　监督选种

选种一事，为近代农业科学上之最大贡献；关系农业改良者至巨！唯吾国农民知识低陋，对选种一事，每多等闲视之；旧法墨守，致落人后。本社组织伊始，即于谋收益增加之外，兼及技术改进为其旨趣；对此项业务，极端重视。关于选种知识方法，本年印制浅说，分发分社社员。入秋棉花结蒴，各社社员均各择定棉田，选适合标准发育平均入棉株，标以记号，随时由技术指导员前往指导纠正。所有标定记号棉株，摘花时，均须分别摘拾轧籽，留待翌春播种。

四　指导种植

脱里司美棉，原属异邦棉种，其营养所需土质气候，以及人工各条件，当与中棉有殊；若一任农民应用土法，随意栽培，则不但影响产量，亦且损及品质。本年关于棉花播种、施肥、耘锄、摘心，以及促成早熟等方法，除印发浅说外，并由总社技术人员分往各分社，巡回指导，俾棉产收量增加，品质亦得以标准化。

（丙）年度结算

本届结算书表分正副两种。正表系依照中央农村合作社暂行规程编制；副表则为便利结算，详明正表而设。

一　正表

营业报告表（民国二十二年十二月底决算）

收项							科目	付项						
万	千	百	十	元	角	分		万		千	百	十	元	角	分
							借入款								
							暂记存款								

续表

收项							科目	付项						
万	千	百	十	元	角	分		万		千	百	十	元	角	分
							委销货价	3		6	9	8	1	7	5
							售花	3		8	8	5	2	0	
		6	6	5	7	0	营业费								
			1	5	3	3	营业用具								
3	6	9	8	1	7	5	进货								
2	4	1	2	8	0	0	放款								
		3	0	7	7	1	利息								
1	3	7	3	5	2	7	现金								
7	5	8	3	3	7	6	合计	7		5	8	3	3	7	6

损益表（民国二十二年十二月底决算）

损失							科目	利益							
万	千	百	十	元	角	分		万		千	百	十	元	角	分
		6	6	5	7	0	营业费								
			1	5	3	3	营业用具								
6								毛益				1	8	7	0	2
	1	1	8	9	2	3	纯益								
6	1	8	7	0	2	6						1	8	7	0	2

贷借对照表（民国二十二年十二月决算）

资产							科目	负债							
万	千	百	十	元	角	分		万	千	百	十	元	角	分	
2	4	1	2	8	0	0	放款								

资产							科目	负债						
万	千	百	十	元	角	分		万	千	百	十	元	角	分
		5	4	1	9	4	应收利息							
1	3	7	3	5	2	7	现金							
							委销货价	3	6	9	8	1	7	5
							应付未付利息			2	3	4	2	3
							盈余		1	1	8	9	2	3
3	8	4	0	5	2	1		3	8	4	0	5	2	1

盈余处分表（民国二十二年十二月底决算）

收项							科目	付项						
万	千	百	十	元	角	分		万	千	百	十	元	角	分
	1	1	8	9	2	3	盈余							
							公积金			2	3	7	8	5
							公益教育金				8	3	2	4
							职员酬劳金				3	5	6	8
							社员余利			8	3	2	4	6
	1	1	8	9	2	3			1	1	8	9	2	3

二　副表

梁邹美棉运销合作分社缴花计价清表

社名	期次	特等 行重（斤）	扣磅（斤）	合洋（元）	甲等 行重（斤）	扣磅（斤）	合洋（元）	乙等 行重（斤）	扣磅（斤）	合洋（元）	价值总额（元）
五户分社	第一期	1049.0	994.3	437.49							665.82
	第二期	555.0	526.1	228.33							
蔡家分社	一期	5621.5	5328.4	2344.50							5683.42
	二期	7010.0	6644.5	2883.71	1119.5	1061.1	455.21				
辉里庄分社	一期	1180.5	1119.0	492.36	288.5	273.5	118.97				2188.85
	二期	3603.5	3415.6	1482.37	234.0	221.8	95.15				
孙家镇分社	一期	1363.0	1291.9	568.44	570.0	540.3	235.03				1624.38
	二期	1995.5	1891.5	820.91							
波踏店分社	一期	1065.0	1009.5	444.18							489.01
	二期	109.0	103.3	44.83							
信家分社	一期	4040.5	3829.9	1685.15							2738.20
	二期	2458.5	2330.3	1011.35	102.5	97.2	41.70				
仓廪分社	一期	752.5	713.3	313.85	1733.0	1642.7	714.57				2307.25
	二期	2177.0	2063.5	895.56	942.5	893.4	383.27				
张德佐分社	一期	2516.0	2384.8	1049.31	1322.5	1253.6	545.32				5210.79
	二期	6643.5	6297.1	2732.94	2172.0	2058.8	883.22				

续表

社名	期次	特等 行重（斤）	扣磅（斤）	合洋（元）	甲等 行重（斤）	扣磅（斤）	合洋（元）	乙等 行重（斤）	扣磅（斤）	合洋（元）	价值总额（元）
周家分社	一期	3387.5	3210.9	1412.80							1827.05
	二期	1007.0	954.5	414.25							
王伍镇分社	一期	3944.5	3738.9	1645.11							4408.91
	二期	6718.5	6368.2	2763.80							
冯家分社	一期	149.5	141.7	62.35	848.0	803.8	349.65				905.04
	二期	1030.0	976.3	423.71	170.5	161.6	69.33				
九成分社	一期	2262.0	2144.1	943.40	2220.0	2104.3	915.37	514.0	487.2	209.50	2960.90
	二期	1133.0	1073.9	466.07	1049.0	994.3	426.56				
道民分社	一期	2251.0	2133.6	938.79							1203.31
	二期	643.0	609.5	264.52							
大陈家分社	一期	1193.5	1131.3	497.77	115.0	109.0	47.42				789.36
	二期	593.5	562.6	244.17							
霍家坡分社	一期	686.0	650.2	286.09							544.58
	二期	173.0	164.0	71.17				470.5	446.0	187.32	
党里庄分社	一期	1887.5	1789.1	787.20	497.0	471.1	204.93				1259.30
	二期	649.5	615.6	267.17							

续表

社名	期次	特等 行重（斤）	特等 扣磅（斤）	特等 合洋（元）	甲等 行重（斤）	甲等 扣磅（斤）	甲等 合洋（元）	乙等 行重（斤）	乙等 扣磅（斤）	乙等 合洋（元）	价值总额（元）
时家分社	一期	243.0	230.3	101.33							810.73
	二期	1423.0	1348.8	585.38	305.0	289.1	124.02				
安刘分社	一期	1007.5	955.0	420.20							995.65
	二期	1047.0	992.4	430.70	356.0	337.4	144.75				
高家分社	一期										369.20
	二期	897.5	850.7	369.20							
合计	一期	34600.0	32796.2	14430.32	7594.0	7198.3	3131.26	514.0	487.2	209.50	36981.75
	二期	39867.0	37788.4	16400.14	6451.0	6114.7	2623.21	470.5	446.0	187.32	
说明		1. 凡十一月四日以前所交花衣，归作第一期；以后均归第二期。 2. 第一期特等花衣每百磅斤四十四元，甲等四十三元五角，乙等四十三元。 3. 第二期特等花衣每百磅斤四十三元四角，甲等四十二元九角，乙等（次日）四十二元。 4. 行称扣磅，每百斤加五斤半。									

梁邹美棉运销合作分社借款本息清表

社名	借款两个半月者 本洋（元）	借款两个半月者 计息（元）	三个半月者 本洋（元）	三个半月者 计息（元）	三个月者 本洋（元）	三个月者 计息（元）	总计 借款（元）	总计 利息（元）
五户分社	325.00	6.50					325.0	6.5
蔡家分社	2344.5	46.89	1745.50	48.87			4090.0	95.76
辉李庄分社	611.33	12.23	1388.70	38.88			2000.0	51.11

项别 / 社名	借款两个半月者 本洋（元）	计息（元）	三个半月者 本洋（元）	计息（元）	三个月者 本洋（元）	计息（元）	总计 借款（元）	利息（元）
孙家镇分社	803.47	16.07	416.53	11.66			1220.00	27.73
波踏店 韩家店分社	352.00	7.04					352.00	7.04
信家分社	1685.15	33.70	84.84	2.38			1770.00	36.08
仓廪分社	1028.42	20.57	198.57	5.56			1227.00	26.13
张德佐分社	1594.63	31.89	1765.37	49.43			3360.00	81.33
周家分社	1055.00	21.10					1055.00	21.10
王伍镇分社	1645.11	32.90	414.88	11.62			2060.00	44.52
冯家分社	412.00	8.24	3.00	0.08			415.00	8.32
九成分社	2005.00	40.10					2005.00	40.10
道民分社	930.00	18.60					930.00	18.60
大陈家分社	545.19	10.90	84.81	2.38	40.00	0.96	670.00	14.24
霍家坡分社	286.09	5.72	197.91	5.54			484.00	11.26
党里庄分社	540.00	10.80					540.00	10.80
时家分社	101.33	2.03	528.67	14.80			630.00	16.81
安刘分社	420.20	8.41	334.80	9.37			755.00	17.78
高家分社			240.00	6.72			240.00	6.72
合计	16684.42	333.69	7403.58	207.29	40.00	0.96	24128.00	541.94

说明	1. 利率，均按月息八厘计算。 2. 日期，一日以上十五日以内者按半月计算；十五日以上、一月以内者按全月计算。 3. 凡第一期缴花分社，花价于十一月二十四日出售日归抵借款，其利息按两个半月计算；余数均系三个半月。

梁邹美棉运销合作分社应领款项清表

项别 社名	应领		扣除		净余（元）
	花价（元）	余利（元）	借款（元）	利息（元）	
五户分社	665.82	14.99	325.00	6.50	349.31
蔡家分社	5683.42	127.93	4090.00	95.76	1625.59
辉李庄分社	2188.85	49.27	2000.00	51.11	187.01
孙家镇分社	1624.38	36.56	1220.00	27.73	413.21
波蹚店 韩家店分社	489.01	11.01	352.00	7.04	140.98
仓廪分社	2307.25	51.94	1227.00	26.13	1106.06
信家分社	2738.20	61.64	1770.00	36.08	993.76
张德佐分社	5210.79	117.29	3360.00	81.32	1886.76
周家分社	1827.05	41.13	1055.00	21.10	792.08
王伍镇分社	4408.91	99.24	2060.00	44.52	2403.63
冯家分社	905.04	20.37	415.00	8.32	502.09
九成分社	2960.90	66.65	2005.00	40.10	982.45
道民分社	1203.31	27.09	930.00	18.60	281.80
大陈家分社	789.36	17.77	670.00	14.24	122.89
霍家坡分社	544.58	12.26	484.00	11.26	61.58
党里庄分社	1259.30	28.35	540.00	10.80	736.85
时家分社	810.73	18.25	630.00	16.83	182.15
安刘分社	995.65	22.41	755.00	17.78	245.28
高家分社	369.20	8.31	240.00	6.72	130.79
合计	36981.75	832.46	24128.00	541.94	13144.27
附记	余利：每花价百元应摊二元二角五分一厘，每担约得一元。				

各项营业费分配比较表

项目		金额 （元）	分配率 （%）	备考
材料	包绳	91.00	13.3	粗绳一千二百一十八条细麻线八斤
	包布	196.70	29.0	自纱布九十七匹又二分之一

项目		金额（元）	分配率（%）	备考
工资	榨包	87.60	12.9	计榨五百八十四包
	措花	9.47	1.4	计雇短工三十日
运费	水脚	116.80	17.1	由坡庄码头至济南黄台
	车力	122.24	17.9	由孙家镇至坡庄及由黄台卸船后运商埠车力
房租		20.00	2.9	计榨包四个月每月五元
广告		4.80	0.7	寄赠各纱厂货样
旅费		13.30	1.9	郭主席赴省售货
杂费		3.79	0.6	棉油印花颜色及修理牌子等
用具		15.33	2.2	苇席廿二领及图记包袱子锁针刷子等
合计		681.03	100.0	

梁邹美棉运销合作总社通知 第 号

迳启者：本届结算现已竣事；所有花价余利、借款利息，以及收支各款，均经结算清楚，一并列表通知。请即查照表列贵社应领净余洋 千 百 拾 元 角 分于 月 日持原信前来孙家镇总社领取为荷！

此至

分社

中华民国 年 月 日

外附表单四份

舆论批评

加增棉农收益与改良棉产技术，为本社组织意义双重所在，已于前组织章内述及。本届于此双重意义，究竟作至如何程度，想亦关心斯事者之所注意。爰将外间舆论暨批评函件，节录于下，借向读者。

甲、报纸——本年（廿二年）十二月一日，山东《民国日报》载本社花衣到济备受纱界欢迎消息内称：

"梁邹美棉运销合作社，用合作方法，改善棉产品质，两年以来，成效大著。出品系脱里司美种棉，纯净原干，一扫市场搀粗使潮恶习。长度拉力，足敷四二以上纱支纺绩之用。闻本年范围扩大，分社增至二十余处，社员五百余户，棉田达三千五百亩，产棉约四千担左右。第一批花衣四百担，曾于上月二十日运来本埠，轰动一时；各纱厂争购结果，申新纱厂以每担照市价（×＋）加六元高价，承购到手，当夜改包运沪。现第二批花衣已于二十八日，由邹平装船启运，不日到济，届时纱界恐又不免一次逐鹿战云。"

乙、来函——十二月（廿二年）八日，上海华商纱厂联合会来函：

"敬启者：前奉大函及棉样一包，敬悉一切。即经分送上海商品检验局及申新纱厂试验。兹已先后接到试验报告，一并附奉。至于售价，因随市价升降，值此纱花价格激变之际，尤不易断言。如照灵宝花计，现在上海每担（上海担）售洋约四十七八元。统希察照为荷！此致山东乡村建设研究院。

附上海商品检验局棉花检验报告单及申新纱厂报告各一份

实 业 部 上 海 商 品 检 验 局 农 作 物 检 验 处 棉 花 检 验 报 告 单 品 字 第 106 号 外		
兹据　山 东 邹 平 县 梁邹美棉运销合作社　请求单第　　　号 所请检验之棉花依法施行品质品级检验结果如下		
品　质	长　度	27.8公厘（英$1\frac{3}{32}$"）
	整　齐	81.18%
	强　度	6.09公分
品　级	类　别	脱字美种棉
	级　别	第一级（优级）
备　考	棉花细长洁白长度欠整齐	

实业部上海商品检验局
棉级鉴
花品定
品质室
农作物检验处

品质
品级　检验员　陈纪藻
狄福豫

中华民国22年11月1日

'查该棉织维软柔，洁白强韧，长度达至，具纺绩上所需优良织维之要性。等级在灵宝上，为国产之最优者。'

华商纱厂联合会书记处启　二十二年十二月四日"

进行计划

一　关于新社之扩充者

查本年（廿二年）合作社业务之发达，既已略如上述。全县农民对于改种脱里斯美棉组织运销合作社，已有更进一步之认识，莫不闻风兴起，自动请求加入。当于十二月间，经本院及邹平县政府派遣指导员十余人，携带宣传品多种，分赴全县各乡，一方面推广脱字棉种，同时并指导新合作社成立。倾全力而为之，不期月而竣事。综计全县明年可有四万一千二百八十三亩美棉，约为本年亩数之十五倍。共推广棉种二十万零六千四百一十四斤；此项种籽，完全是今年合作社所产者。共成立新社二百一十三处，社员五千九百七十五人。约计明年可收花衣一百六十五万一千三百二十斤。兹将统计表列下：

乡别	合作社数目	社员人数	职员人数	棉田亩数（亩）	用脱字棉种数量（斤）	备考
第一乡	5	117		528	2640	
第二乡	11	262		624	3120	
第三乡	4	52		150	750	
第四乡	11	91		180	900	

乡别	合作社数目	社员人数	职员人数	棉田亩数（亩）	用脱字棉种数量（斤）	备考
第五乡	12	149		376	1880	
第六乡	11	287		1209	6045	
第七乡	24	609		2845	14225	
第八乡	25	950		7566	37830	
第九乡	14	451		3275	16375	
第十乡	16	619		5973	29865	
第十一乡	20	582		6423	32117	
第十二乡	13	309		2390	11949	
第十三乡	47	1497		9744	48720	
总计	213	5975		41283	206414	

此项总计，在数量方面已大有可观，惟质量方面，则尚有待于充实。拟于来春举行大规模之训练（于下节另述），并派员分赴各社，详为解说。关于分社名称，因其不甚相宜，以后即将分字去掉，通改为某某村美棉运销合作社，而总社亦拟改称为联合会焉。

二 举办合作讲习会

农民之踊跃加入合作社，多系出于利诱，对于合作意义，办事手续等，皆无相当之了解，急待教育力量以培养之。故今冬曾由本院先就旧有合作社之社员，抽调来院，举办短期（十日）讲习会一次。与会听讲者五十余人，彼等大致尚感觉兴趣，结果甚佳。拟于明春农暇之际，再就新成立之合作社，使各选派职员数人，授以相当之训练。邹平现分为十三乡，乡各设有乡学，即择棉区中心，如第八乡、第九乡、第十三乡等乡学三五处，分别举办讲习会，由本院派员担任讲课。此项办法，经而易举，收效必更大。盖设备既无需另费周折，而各社员距离较近，亦易于招集也。

三　关于总社组织者

总社组织明年拟改为"梁邹美棉运销合作社联合会"，会址仍设于孙家镇，惟办公地点须另觅较大处所。明年合作社之业务范围，既已扩及全县，只一联合会，势必鞭长莫及，于办事上，诸感不便。拟就棉区中心，如第九乡之吴家庄，第十一乡之孙家镇，第十三乡之花沟镇及本院之农场（一、二、三、四、五乡属之）五处，各设一办事处，以便就近收集各社棉花。此办事处即以所在地名之；如在花沟镇，即名为梁邹美棉运销合作社联合会花沟镇办事处是也。孙家镇之办事处，即附于联合会内，不另设。各办事处设社务委员一人，办事员　人或二人，并各加派指导员三数人，分任指导合作社事宜。

四　设立棉包储藏处

来年规模宏大，如届收花时，各办事处之棉包，必将堆积如山，储藏既感不便，火灾更属危险。拟于小清河沿岸之魏家桥及坡庄二码头，赁租房舍数十间，将各办事处之棉包，通行运此储藏，置人看护之；如此既易避免火灾，尤便于运出，有一举数得之利。

五　关于贷款者

查本年（廿二年）之贷款，系于社员送交花衣后行之，社员虽能预借，但究嫌作用太小，对于流通农村金融方面，殊鲜效能。明年即以联合会名义，由本院介绍，向银行界举行大宗借款，转贷社员。贷款分春秋二季。盖当春季青黄不接之时，农民多半少吃缺用，告贷无门，故春季贷款，大有必要也。春贷系于查验棉苗后按亩预借；秋贷则于估计棉花收量后，按产量之七成贷与之；二者任社员自择其一。关于贷款事宜，已由本院与上海中国银行方面，有所接洽云。

六　筹设轧花厂及打包厂

今年（廿二年）各分社轧花去籽，系各自分别办理，明年拟于孙家镇联合会办事处设立轧花厂一处，举办共同轧花工作。惟以初次试办，合作社自身尚无偌大经济力量，其间不无困难；本院为节省消费起见，拟购六匹马力之发动机一架，带轧花机十五辆，并将此项发动机改为木炭代油炉。但各社所收籽花在二万斤以上或有特殊困难情形者，始得送厂。轧花厂于轧花后，酌收轧花费用。厂内设技师一人，指导员二人；设立轧花厂之最大作用，除为节省费用外，同时更注重于选种工作，以备次年全县作籽之用。此外并于花沟镇、吴家庄及本院农场各办事处设打包厂各一处，将花衣打包后运销之。兹将设立轧花厂及打包厂预算书附后：

筹设轧花厂及打包厂预算

项目	预算	备考
租赁房屋	960	除农场房屋不出租金外，其余孙家镇、花沟、吴家三处，每处月需租金洋二十元；坡庄、魏家桥各设花栈一处，每处月需租金十元：全年共计如左数。
购置六匹马力木炭代油炉发动机一架	700	旧发动机一架，价洋四百七十元；外改造费及安装费、运费等，约需洋二百三十元：共计如左数
购置脚登轧花机十五架	780	每机价洋三十二元，外加每机改造及安装费、运费洋二十元，约计如左数。

项目	预算	备考
购置双式活用打包机	1260	除研究院农场打包机可借用外。孙家镇办事处须设一架，花沟办事处须设一架，吴家镇须设一架；每架价洋四百二十元，三架约计如左数。
聘请职员	360	除指导员由研究院农场及县政府第四科委派不另支薪，社务委员及事务员从社内酬劳金项下开支外。轧花厂须聘技师一人，月支薪洋三十元，全年共计如左数。
雇用长工	1080	除普通工人临时雇用外。孙家镇轧花厂及办事处须雇用长工五人，吴家办事处雇长工二人，花沟办事处雇用长工二人，每人月各支洋十元，全年共计如左数。
短工工资	1080	短工一千二百名，每名每日工资三毛，月需工资洋三百六十元；按三个月计算，共洋如左数。
办公费	1560	孙家镇轧花厂及办事处月需洋四十元，花沟、吴家及研究院农场三处月各需洋三十元，全年共计如左数。
合计	7780	

七 扩充棉花育种场

设立育种场之目的，在用科学方法，保持纯种脱里斯棉种，以免退化之弊；拟于明年在孙家镇附近，购买棉田百亩，由本院负责经营。场内设主任一人，聘请专家充任，并设助理员二人，协助办理。兹将育种场预算书列后：

扩充棉花育种场预算

项目	预算	备考
租地三百亩	2400	每亩租金八元，约计如左数。
建筑场舍	1500	办公室三间、贮藏室三间、畜舍二间、工人住室及农具室三间，家具在内，约计如左数。
购买农具	250	犁套车、播种器、锄镢及其他家具，用费约计如左数。
购买牲畜	580	牛六头，每头七十元；骡一头，计洋一百六十元：约计如左数。
聘请职员	3240	主任一人，月薪洋一百二十元；助理员二人，月薪洋各六十元；事务员一人月薪洋三十元：共计如左数。
雇用长工	1380	工头一名，月支洋十五元；长工十名，月各支洋十元：共计如上数。
办公费及牲畜饲料费	1200	办公费，月约支洋五十元；牲畜饲料费，月约支洋五十元：共计如左数。
合计	10550	

八　办理棉花保险事宜

棉花为物，易遭火险，稍有不慎，损失至巨。兹为慎重起见，拟于中国银行方面接洽保险事宜。保险费由合作社担负之。

梁邹美棉运销合作社
第三届概况报告

山东乡村建设研究院　编

目　次

概　述

本社之沿革及其意义，在一二两届报告中，已有比较详尽之阐述，兹不多赘。惟本届社务情形，较诸往年，多有不相同之处。一切经营设施，或因事实需要而增设，或以环境关系，而有所变更；要在渐谋推展而求进步，以期远于健全而合理的合作组织。兹略述其梗概于次。

甲　关于进展情形

过去两载之经营，规模虽小，然在经济上所获得之利益，已颇可观；合作之基础，实奠定于斯。今岁合作空气弥漫全县，合作组织已渐引起一般棉农之重视，申请加入者，风起云涌。社数之扩充达一百一十三，社员人数二千八百九十人，约为去年之九倍。棉田面积二万一千三百四十一亩，约为七倍。运销花衣数量共计二十七万四千一百八十九斤半，售价洋十五万一千七百八十八元四角八分，盈余总额一万五千九百四十七元八角八分，连特别公积金二千四百七十七元，共一万八千四百二十四元八角八分。俱较去年大有进展。按去年社员余利一项，每花价百元分配二元二角五分，今年之余利分配为七元七角，增加约三倍有半。此种利益完全由合作组织中得来之；盖有组织，则无一切积弊恶习，货色纯洁，产品集中，复以纯种脱里斯美棉，毫无夹杂，故纱厂花商争来买也购。至其进展情形，可于下列表式中见之：

本庄历年进展概况表

项别		第一届	第二届	第三届	增加数目	百分率	备考
社数		15	20	113	93	4.65	
社员人数（人）		219	306	2810	2504	8.18	
棉田面积（亩）		667	3464	21341	17877	5.18	
放款数额（元）		3583.00	24128.00	130577.00	106449.00	4.40	
运销额	花衣（斤）	6762	89496	274189.5	184693.5	2.06	
	价值（元）	3245.76	38852.02	151788.48	112936.46	3.00	
全年营业费（元）		134.05	681.03	4311.04	3630.01	5.33	轧花厂费用在内
盈余	社员余利（元）		832.46	10392.94	9560.48	11.50	
	公积金（元）		237.85	3174.26	2936.41	12.39	
	公益金（元）		83.24	1587.13	1503.89	18.10	
	职员酬劳金（元）		35.68	793.55	757.87	21.61	
特别公积金（元）				2477.00	2477.00		利息收益，棉种收益及杂项收益
附记		（一）表中增加栏系二三两届之比较，一二两届之比较已载上届报告中，兹从略。 （二）表中所列村社数目为一一三，较今春组织成立时减少十五社，系因有发生问题而宣告解散者；社员人数及棉田亩数亦均较有减少。					

本年因天时关系，棉产歉收，此为邻近各地之普遍情形，邹平境内亦复如此。自春间植棉时起，地气即异常干燥，棉花出齐者不及七成；迨至夏间，霪雨成灾，棉铃多脱落，收量更见减少：运销花衣数量未能比例增加，此实一大原因也。加以秋霜早至，棉桃受莫大之摧残，所收花衣，其中次白及红花约有四分之一，影响于合作社之业务甚巨，但此实无可奈何之事。惟花价极佳，每担白花竟售至五十六元八角，除去营业费用外，较在本地市集零售，尚可多得五六元左右；若与去年四十六元之售价较，则多十元零八角矣。

乙　关于社务之措施

今年业务范围既广，组织方面，因种种关系而变更；业务之经营，亦多新的安排。兹举其荦荦大者如下：

（一）村单位之组织，原称分社，今改为村社；其联合机关之总社，今改称"梁邹美棉运销合作社联合会"。

（二）办理棉苗贷款，俾社员在春季青黄不接之时，得少许资金，以购买肥料及农具等。

（三）举办讲习会四期，以教育力量，增进社员知识。

（四）刊发社讯，引起社员研究合作之兴趣。

（五）增加会务委员为十三人，对合作社业务负实际责任，俾地方人士了解社务，练习作事。

（六）社员均已向村社照章认股，村社并向联合会认股。

（七）设立动力轧花厂。

（八）聘请棉业统制委员会人员住会担任检验分级事宜。

（九）按照各村合作社成绩优劣，分别评定等级，予以奖励，借以促进组织之健全。

（十）兼营购买轧花机业务。

以上种种均就大端而言；至其详细情况，俱有分述，兹从略。

组织与训练

甲　组织方面

棉花运销合作社之业务异常复杂；如生产，金融，加工，运输，售销等，凡此种种经营，莫不与组织方而有重大之关系。过去两载，因倡办伊始，范围尚小，故有总社分社之称，以其关系密切也。本届事业区域推及全县，社员对合作社亦渐有认识；为养成各社独立精神，促进组织之健全起见，所有分社及新成立之社，通行改称为"某某村美棉运销合作社"。其主要业务为种植、借款、收花及轧花。各村社，复联络组织联合机关，即取名为"梁邹美棉运销合作社联合会"。其主要业务为集中产品，加工运销；惟事业区域，甚觉辽广，进行诸感不便，故联合会下复设办事处四所：一则各社送花费用上经济，运输上便利；再则联合会方面亦便于指导照顾也。如此由下，层垒而上，运用灵活，组织亦臻稳固。复次本年联合会设动力轧花厂一处，指定棉种优良之村社，将籽棉送厂集中轧花，意在保持纯种、节省开支。

（一）村社（附村社职员表）

二十二年十二月一日开始村社组织工作，至二十三年一月底，各社均已先后征齐社员，选妥职员，正式成立者，共一百二十八处。其后因发生问题而宣告解散者十五社。各社职员则一仍旧制，设社长一人，干事二人至四人，监察机关仍付阙如，一俟事实有此需要，再行增设；盖由单纯渐进而复繁，少生枝节，便于社务之进行也。本年村社社员均已先后认股，按照村社通用章程规定，每股国币二元，第一次缴纳二分之一，故每股均先缴一元。至社员认股之多少，亦照社章办理，即棉田二十亩以下者一股，以上每增十亩，加认一股。此外村社之考成，事关重要：组织之健全，办事之效率，胥赖此为之促进。联合会方面有鉴及此，已订定村社职员奖金分配办法，将所有村社按其成绩优劣，分别评定为甲、乙、丙、丁、戊五等。此项奖金则由利息收益项下拨支之。

村社职员一览表

社别	姓名	职务	任期	
霍家坡村社	石深山	社长	二十三年二月一日至廿四年一月三十一日	
	王传金	干事	同上	
	王在沣	同	同上	
	夏淑森	同	同上	
	夏淑滨	同	同上	
安刘村社	张毓福	社长	同上	
	郭贻滨	干事	同上	
	杨建远	同	同上	
	苗恒昌	同	同上	
	刘维后	同	同上	
孟家坊村社	王东乙	社长	同上	
	王振水	干事	同上	
	王振鸾	同	同上	
	王兴芝	同	同上	
	王常德	同	同上	
大陈村社	于广谱	社长	同上	
	陈玉琴	干事	同上	

社别	姓名	职务	任期	
	陈秀岚	同	同上	
	陈玉书	同	同上	
	张式三	同	同上	
范家村社	张学孟	社长	同上	
	范维孝	干事	同上	
	范景坤	同	同上	
孙家镇村社	孙子愿	社长	同上	
	马文齐	干事	同上	
	张思沣	同	同上	
	马仁村	同	同上	
	李继荣	同	同上	
冯家村社	冯汝能	社长	同上	
	冯大田	干事	同上	
	冯汝让	同	同上	
	冯来章	同	同上	
	赵世昌	同	同上	
刘家村社	刘景峰	社长	同上	
	张继富	干事	同上	
	刘道升	同	同上	
蔡家村社	蔡志璞	社长	同上	
	蔡建盟	干事	同上	
	蔡会亭	同	同上	
	蔡志岚	同	同上	
	蔡会盟	同	同上	
周家村社	朱守田	社长	同上	
	许宗甲	干事	同上	
	董元泽	同	同上	

社别	姓名	职务	任期	
	郭俊荣	同	同上	
道民村社	张峻亭	社长	同上	
	张玉田	干事	同上	
	张滋茂	同	同上	
	张滋阶	同	同上	
	张继湖	同	同上	
王伍村社	徐次菖	社长	同上	
	赵凤阁	干事	同上	
	王开铭	同	同上	
	徐华亭	同	同上	
	韩守笃	同	同上	
信家村社	信奎三	社长	同上	
	张立业	干事	同上	
	李慎统	同	同上	
	张以同	同	同上	
	张安成	同	同上	
时家村社	时尚璧	社长	同上	
	时象乾	干事	同上	
	时长吉	同	同上	
	时长镐	同	同上	
	时象亭	同	同上	
大李村社	李世昇	社长	同上	
	李传功	干事	同上	
	李恒玉	同	同上	以上系第十一乡
车郭村社	刘松荣	社长	二十三年二月一日至廿四年一月三十一日	

社别	姓名	职务	任期	
	刘芝田	干事	同上	
	刘中仁	同	同上	
辉李村社	李英长	社长	同上	
	卢立亭	干事	同上	
	李贞长	同	同上	
	李乃芬	同	同上	
	李洵长	同	同上	
郑曹村社	何昌温	社长	同上	
	赵华卿	干事	同上	
	赵谦业	同	同上	
	何长举	同	同上	
	赵良田	同	同上	
五户村社	王曰华	社长	同上	
	李光荣	干事	同上	
	李光璧	同	同上	
	李光辉	同	同上	
赵家村社	张爱吾	社长	同上	
	张孝宗	干事	同上	
	张义田	同	同上	
高家村社	高铭选	社长	同上	
	高冠三	干事	同上	
	高万德	同	同上	
	高森林	同	同上	
党里村社	李郁亭	社长	同上	
	孙聿清	干事	同上	
	李淑敏	同	同上	
小三户村社	李长佑	社长	同上	

社别	姓名	职务	任期	
	李长林	干事	同上	
	高建动	同	同上	以上系第十二乡
成家村社	成珍九	社长	二十三年一月十五日至二十四年一月十四日	
	成福瀛	干事	同上	
	成福兴	同	同上	
	贾兹龙	同	同上	
	成福宽	同	同上	
长怀村社	颜景辉	社长	同上	
	颜景森	干事	同上	
	颜景清	同	同上	
	张怀璞	同	同上	
	张桂芬	同	同上	
孙家村社	孙殿盈	社长	同上	
	孙沂云	干事	同上	
	孙孟言	同	同上	
	孙殿贤	同	同上	
	孙兴瑯	同	同上	
郭家村社	颜景瑯	社长	同上	
	郭鸿效	干事	同上	
	郭方田	同	同上	
	吕允许	同	同上	
	吕建修	同	同上	
埏镇村社	胥清辉	社长	同上	
	张玉宝	干事	同上	
	张启成	同	同上	

社别	姓名	职务	任期	
	张光盛	同	同上	
	孙秀廷	同	同上	
孔家村社	孔庆贞	社长	同上	
	李茂修	干事	同上	
	高永和	同	同上	
	孔祥璐	同	同上	
张家村社	张永贵	社长	同上	
	张学谦	干事	同上	
	张维青	同	同上	
	张永观	同	同上	
	张继斌	同	同上	
芬张村社	张玉玺	社长	同上	
	杨振武	干事	同上	
	时铸九	同	同上	
	辛延明	同	同上	
	李武魁	同	同上	
韩家村社	刘金璋	社长	同上	
	赵宗义	干事	同上	
	韩现琯	同	同上	
	赵后	同	同上	
	苏兆德	同	同上	
北杨村社	杨文玉	社长	同上	
	刘建功	干事	同上	
	刘思忠	同	同上	
马家村社	马学仁	社长	同上	
	马兆福	干事	同上	
	马日鸢	同	同上	

社别	姓名	职务	任期	
	李清和	同	同上	
	马广美	同	同上	
郑家村社	张子兰	社长	同上	
	刘继美	干事	同上	
	刘继泰	同	同上	
	郑振南	同	同上	
	郑传舜	同	同上	
刘聚桥村社	李青云	社长	同上	
	李天福	干事	同上	
	宋连登	同	同上	
	张立廷	同	同上	
	张桂云	同	同上	以上系第十乡
辛桥村社	刘玉林	社长	廿三年二月十五日至廿四年二月十四日	
	张廷义	干事	同上	
	薛文成	同	同上	
	刘兆洪	同	同上	
	张廷水	同	同上	
营家村社	菅文焕	社长	同上	
	菅寿福	干事	同上	
	菅佑贤	同	同上	
	菅佐秋	同	同上	
大碾村社	郝克明	社长	同上	
	郝克忠	干事	同上	
	张建业	同	同上	
西左家村社	左玉芝	社长	同上	

社别	姓名	职务	任期	
	左方会	干事	同上	
	吴元祥	同	同上	
	宋德修	同	同上	
杨家村社	杨宪忠	社长	同上	
	杨忠坦	干事	同上	
	刘希禄	干事	同上	
	杨淑诰	同	同上	
沙城村社	张传经	社长	同上	
	王传武	干事	同上	
	王金声	同	同上	
宋家村社	焦其岩	社长	同上	
	宋传诗	干事	同上	
	宋立洲	同	同上	
于家村社	崔云江	社长	同上	
	高连仲	干事	同上	
	于继林	同	同上	
	于继恭	同	同上	
西辛梁镇村社	郝文台	社长	同上	
	郝恩耀	干事	同上	
	郝本荣	同	同上	
东辛梁镇村社	王道济	社长	同上	
	梁兴贤	干事	同上	
	梁永锡	同	同上	
	张林楹	同	同上	以上系第九乡
牛家村社	穆毓芹	社长	二十三年二月一日至廿四年一月卅一日	

社别	姓名	职务	任期	
	宋兴浩	干事	同上	
	毕法岳	同	同上	
仓廪村社	王泮亭	社长	同上	
	王传杰	干事	同上	
	王传绅	同	同上	
	王毓英	同	同上	
	王毓昌	同	同上	
明家集村社	王家魁	社长	同上	
	王庆元	干事	同上	
	成延忠	同	同上	
宋家集村社	于景唐	社长	同上	
	刘公田	干事	同上	
	刘以荣	同	同上	
颜家集村社	张子和	社长	同上	
	牛笏亭	干事	同上	
	成济书	同	同上	
苏家桥村社	苏传信	社长	同上	
	苏继孟	干事	同上	
	赵凤林	同	同上	
	苏继述	同	同上	
耿家村社	张传鳌	社长	同上	
	张祥珂	干事	同上	
	吕慎修	同	同上	
	邢振河	同	同上	
	张传笈	同	同上	
高洼村社	景敬修	社长	同上	
	张传奎	干事	同上	

社别	姓名	职务	任期	
	景传一	同	同上	
	张传文	同	同上	
窝村村社	贾丕基	社长	同上	
	贾泮基	干事	同上	
	贾兴基	同	同上	
田家村社	王尊五	社长	同上	
	王志仁	干事	同上	
	田化谟	同	同上	
	王守成	同	同上	
	田方河	同	同上	
二辛庄村社	李秉瑶	社长	同上	
	李居敬	干事	同上	
	李居源	同	同上	
惠辛村社	惠文节	社长	同上	
	惠以鹄	干事	同上	
	惠以芝	同	同上	
东左家干	王守田	社长	同上	
	李永吉	干事	同上	
	王兴春	同	同上	
	耿懋洵	同	同上	
柴家村社	柴念沣	社长	同上	
	李儒林	干事	同上	
	柴启生	同	同上	
	王毓山	同	同上	以上系第八乡
花沟村社	王殿勋	社长	二十三年一月十五日至廿四年一月十四日	

社别	姓名	职务	任期	
	王云章	干事	同上	
	王殿恩	干事	同上	
魏家村社	王景珍	社长	同上	
	王立训	干事	同上	
	王景恒	同	同上	
	王景常	同	同上	
张家村社	张凤岗	社长	同上	
	张相壬	干事	同上	
	张继兴	同	同上	
	张世恒	同	同上	
	张葆元	同	同上	
吕家村社	吕树典	社长	同上	
	吕树业	干事	同上	
	吕景贤	同	同上	
李星耀村社	李瑞玡	社长	同上	
	李芳齐	干事	同上	
	李晓彦	干事	同上	
岳家村社	岳思襄	社长	同上	
	岳思襄	干事	同上	
	岳焕章	同	同上	
李家官村社	李景庠	社长	同上	
	李安宁	干事	同上	
	李安然	同	同上	
	刘景山	同	同上	
	李景峦	同	同上	
石槽村社	李若会	社长	同上	
	王景莘	干事	同上	

社别	姓名	职务	任期	
	薛文元	同	同上	
	李保君	同	同上	
贾塞村社	刘振乾	社长	同上	
	刘景明	干事	同上	
	刘振祥	同	同上	
	王茂泰	同	同上	
前陈村社	高宗耀	社长	同上	
	吕怀智	干事	同上	
	吕景柱	同	同上	
吉祥村社	孙传宝	社长	同上	
	周树桢	干事	同上	
	孙传珍	同	同上	
榆林村社	李贵显	社长	同上	
	李家富	干事	同上	
	李景祥	同	同上	
孙坊村社	孙鹤林	社长	同上	
	孙名齐	干事	同上	
	孙本富	同	同上	
高旺村社	高汉俊	社长	同上	
	高金台	干事	同上	
	高景梓	同	同上	
	高景升	同	同上	
	高英文	同	同上	
宫旺村社	宫继文	社长	同上	
	宫明文	干事	同上	
	宫复辉	同	同上	
沟王村社	王世斌	社长	同上	

社别	姓名	职务	任期	
	景玉传	干事	同上	
	王世华	同	同上	
天师村社	宋兆举	社长	同上	
	刘廷桢	干事	同上	
	王守仁	同	同上	
双柳树村社	贾福远	社长	同上	
	贾在萱	干事	同上	
	毛会凤	同	同上	
龙桑树村社	柴启禄	社长	同上	
	张锡永	干事	同上	
	张锡贡	干事	同上	
西南四村社	李丹枕	社长	同上	
	李树增	干事	同上	
	李长和	同	同上	
	李景溪	同	同上	
龙虎村社	刘凤章	社长	同上	
	刘瑞龙	干事	同上	
	刘岗龙	同	同上	以上系第十三乡
魏家村社	李守经	社长	二十三年二月一日至廿四年一月三一日	
	李振林	干事	同上	
	夏尔平	同	同上	
	张志伦	同	同上	
	王懋学	同	同上	
穆王村社	孟珠明	社长	同上	
	张志启	干事	同上	

社别	姓名	职务	任期	
	李家贞	干事	同上	
	李家祥	同	同上	
杨村村社	刘柄修	社长	同上	
	刘家福	干事	同上	
	孟宪斌	同	同上	
	刘文章	同	同上	
	孙广荣	同	同上	
	刘家全	同	同上	
曹家小庄社	李道渭	社长	同上	
	李慎训	干事	同上	
	李子勤	同	同上	
	曹志和	同	同上	
张家套村社	王秀云	社长	同上	
	张杰三	干事	同上	
	张承悌	同	同上	
东言礼村社	李道奎	社长	同上	
	李道东	干事	同上	
	李道清	同	同上	
刁家村村社	刁庆德	社长	同上	
	宋守泽	干事	同上	
	牛立宾	干事	同上	
	刁长禄	干事	同上	
	刁文卿	同	同上	以上系第六乡
王家村社	陈子彬	社长	二十三年　月二一日至廿四年一月三十一日	
	王奎三	干事	同上	

社别	姓名	职务	任期	
	孙继桂	同	同上	
韩家店村社	孙广智	社长	同上	
	韩俊三	干事	同上	
	杨玉秀	同	同上	
	韩景旺	同	同上	
	韩启忠	同	同上	
大王驼村社	李官文	社长	同上	
	李官云	干事	同上	
	李继成	同	同上	
	李泮成	同	同上	
玉章村社	李士忠	社长	同上	
	李业成	干事	同上	
	李善成	同	同上	
耿家村社	李忠义	社长	同上	
	左启富	干事	同上	
	曲本起	同	同上	
	李守勤	同	同上	
	李钱田	同	同上	
甲子村社	董学仁	社长	同上	
	宋兴木	干事	同上	
	李树梧	同	同上	
	颜景仁	同	同上	
王庄村社	王曰瑞	社长	同上	
	王传真	干事	同上	
	程光茂	同	同上	
	王昌奎	同	同上	
	王传岳	同	同上	

社别	姓名	职务	任期	
释家套村社	谢鉴堂	社长	同上	
	释秉坤	干事	同上	
	释守盛	同	同上	
	释君治	同	同上	
波踏店村社	夏尔明	社长	同上	
	景茂林	干事	同上	
	崔永秀	同	同上	
宫庄村社	杨继递	社长	同上	
	王瑞图	干事	同上	
	杨德恒	同	同上	
邱家村社	李永孚	社长	同上	
	孙省三	干事	同上	
	梁慎德	同	同上	
	孙殿文	同	同上	
小王驼村社	程振声	社长	同上	
	王复连	干事	同上	
	王守富	同	同上	
	程振元	同	同上	
姚家村社	释修堂	社长	同上	
	释春和	干事	同上	
	赵光耀	同	同上	
	邢守经	同	同上	
宋家村社	张思发	社长	同上	
	张永康	干事	同上	
	张思明	干事	同上	以上系第七乡
黄山前村社	景训堂	社长	二三年二月十五日至二四年二月十四日	

社别	姓名	职务	任期	
	王子元	干事	同上	
	王兴元	同	同上	
南范村社	李执亭	社长	同上	
	纪凤祥	干事	同上	
	刘广俊	干事	同上	
石家村社	陈秀山	社长	同上	
	陈守峰	干事	同上	
	殷少白	同	同上	
	陈子衡	同	同上	
鄢家村社	王玉镜	社长	同上	
	王玉芝	干事	同上	
	王允璞	同	同上	
乔木村社	贾兆海	社长	同上	
	张景南	干事	同上	
	张士福	同	同上	以上第五乡
逯家村社	张伯良	社长	同上	第四乡
	冯光德	干事	同上	
	张泽普	同	同上	
郎君村社	刘子荣	社长	同上	
	刘嗣诰	干事	同上	
	刘公才	同	同上	
抱印村社	刘子荣	社长	同上	
	赵儒林	干事	同上	
	赵文蔚	同	同上	
李家村社	韩继仁	社长	同上	
	韩继亮	干事	同上	

续表

社别	姓名	职务	任期	
	韩万青	同	同上	以上系第三乡
韦家村社	田经奎	社长	同上	
	孙润生	干事	同上	
	田化敦	同	同上	
十里铺村社	崔贴津	社长	同上	
	霍凌云	干事	同上	
	刘希文	同	同上	以上系第一乡

（二）联合会（附职员表指导员表组织系统表）

村社成立后，于四月间召开村社社员代表大会，推举人选，组织会务委员会，到会代表共一百八十人，推出委员十三人（约每十社推选一人）。旋举行会务委员成立大会，孙子愿以十票当选为主席，联合会即告成立。会址仍设孙家镇。联合会之组织亦只有执行机关而无监察机关，其监察权暂归政府方面代行之。会内共分为总务、营业、会计三部，各设主任一人，由主席指定委员兼任之，即住会内服务。另有办事员三人，担任下乡及会内杂务工作。常川驻会指导员一人，担任指导事宜。至其余各委员均在各应属区域内服务，不住会内。关于会员社之会股，亦均收齐；按章每股五元，一次收足，棉田在三百亩以下者一股，以上每增百亩，加一股。

△联合会职员一览表

姓名	职务	年龄（岁）	籍贯	略历	备注
孙子愿	主席兼总务部主任	29	十一乡孙家镇	曾任本县五六区区长区立高小校长及十一乡乡理事	

姓名	职务	年龄（岁）	籍贯	略历	备注
徐次菖	委员兼营业部主任	29	十一乡王伍庄	第一中学毕业曾任高小教员	
李郁亭	委员兼会计部主任	30	十二乡党里庄	第一中学毕业曾任度量衡检定所主任	
王景珍	委员兼花沟办事处主任	29	十三乡魏家庄	高小毕业	
李晓峰	委员兼花沟办事处会计	46	十三乡李星耀	曾经商五年	
吕景贤	委员	46	十三乡吕家庄		
李运瑞	委员兼高洼办事处主任	26	第九乡西左家	高小毕业	
王毓英	委员	41	第十乡仓廪	高小毕业曾经商	
韩现珤	委员	29	第八乡韩家庄	曾充小学教员二年	
王凤仪	委员	25	七乡官庄	曾充郓城苗圃管理员	
宋守泽	委员	48	第六乡宋家庄		
王鉴堂	委员兼县城办事处主任	40	第五乡颜家庄		
刘嗣疆	委员	45	第四乡逯家庄		
蔡志璞	办事员兼轧花厂管理员	27	十一乡蔡家	山东鉴务干部训练班毕业	系上届社务委员
郭俊荣	办事员兼轧花厂管理员	42	十一乡周家	师范讲习所毕业曾任小学教员等职	系上届社务委员

续表

姓名	职务	年龄（岁）	籍贯	略历	备注
李秀儒	会计员	28	十二乡大有里	曾任小学教员四年	
惠龙图	高洼庄办事处会计员	36	第八乡惠辛庄	济南正谊中学毕业曾任第八乡乡理事	
王鸿祥	义务办事员	23	肥城	济南育英中学毕业现任村学教员	
梁世文	技师	32	河南		

△指导员一览表

姓名	别号	年龄（岁）	籍贯	略历	服务地点	备注
陈以静	镜人	31	德县	山东乡村建设研究院研究部毕业现任邹平县政府技术员	孙家镇	
任善立	子正	28	陵县	山东乡村建设研究院研究部毕业现任邹平县技术员	花沟	
乔政安	礼卿	32	平度	金陵大学农业专科毕业现在山东乡村建设研究院农场推广员	县城及高洼庄	
于继忠	伯良	33	邹平	山东公立工业专门学校毕业现任邹平县政府技术员	高洼庄	
李守鲁	参如	24	广饶	广饶县立初级中学毕业现任邹平县政府技术员	孙家镇	

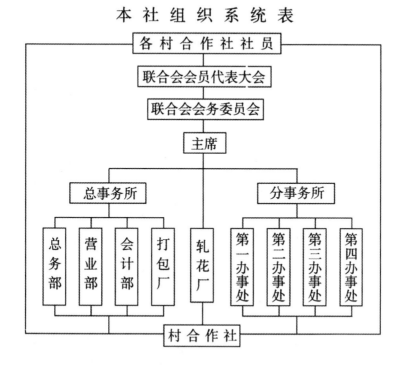

本 社 组 织 系 统 表

各 村 合 作 社 社 员

联合会会员代表大会

联合会会务委员会

主席

总事务所　　分事务所

总务部　营业部　会计部　打包厂　轧花厂　第一办事处　第二办事处　第三办事处　第四办事处

村 合 作 社

（三）办事处

办事处共四所，均就棉区中心地点而设；第一办事处设孙家镇，第二办事处设花沟镇，第三办事处设高洼庄，第四办事处设县城。各处设主任一人，由主席指定委员兼任，除孙家镇附于联合会内不另设外，计花沟主任为王景珍，及该区委员二人；高洼庄主任为李运瑞及委员一人，办事员一人；县城主任为王鉴堂。各办事处亦皆有常驻指导员一人，担任指导事宜。又高洼庄办事处，另有动力轧花厂一所，系该区社员集资设立者；并与联合会方面订有合同，借社员轧花之用。（详见合同）

（四）轧花厂

该厂于九月间装设完竣，厂址在孙家镇。内设机师一人司机，另有管理员二人，经营其事。

乙　训练方面

各村合作社成立后，棉农踊跃加入；然彼之动机，多系出于利诱，而于合作意义、团体之组织，以及办事手续、记账方法，或则一知半解，或则全不明了，于业务进行，颇有梗碍。故决定从教育上用功夫，在可能情形内，尽量予社员以相当之训练，以启发其自动力量，增进其知识与技能。本年所采训练方法主要者有二种：一、办合作讲习会，二、刊发社讯；其他如讲演、谈话、幻灯等，亦皆随时随地，阐发合作大义，引起彼等对合作之兴趣，兹将办理经过，略述于后。

（一）合作讲习会

在上届报告计划中，既已决定举办讲习会；第以经费、人才种种关系，本社自身力量尚有未逮，乃请求山东乡村建设研究院主办其事，先后分在县城、花沟乡学、明家集乡学及小店乡学各处，共办四期。其间筹备与讲课，为时各约一月，与会听讲社员共一百八十人。因在春隙农暇之时，听讲者颇多。兹将办理情形摘要列述之：

△通告及办法

山东乡村建设研究院通告　第　号

启者：本院这次召开合作讲习会，为使各村合作社办事人员，明白合作意义，懂得写账填表的道理，以后办事，才不致发生困难。并且各社同人，相聚一堂，讨论研究，帮助更多，意义重大，机会难得。希望各社见到通告，即刻照后订办法，速行选送与会人员，不要延误日期。特此通告。切要，切要！此致

美棉运销合作社社长　启
中华民国二十三年　月　日

附听讲员来会办法

一、资格　听讲员以邹平实验县区内各乡合作社选送之职员为合格。每社选送一人，最好能写会算；不识字者，不收。

二、费用　听讲员一切住宿伙食讲义等费，概由本会供给。至笔墨纸张被褥及随身用品，则归听讲员自备。

三、课程　讲习会各门功课均由本院邀请专门人才及富有合作经验之人担任。讲课材料注重实用，讲解力求详明，略识字者，均能理会。

四、会期　讲习日期定为　　日自国历　月　日起至　日止

五、会址　讲习会地址设于

六、报到　各社接到通告后，务须于　月　号至　报到，不得延误。

△ 课程表摘要

课程	内容摘要	时间	
合作概论	意义效用及分类	9 小时	
运销合作	意义及组织	4 小时	
合作社经营法	运销合作经营方法	4 小时	
种棉法	脱里斯美棉种植法	4 小时	
合作簿记	各种账式及记账方法	12 小时	
合作章则	备解农村合作社暂行法规	4 小时	
农业常识		4 小时	
讲话	约请名人讲演	8 小时	
讨论	提出问题共同讨论	3 小时	
		共 52 小时	

△生活时序表

生活	时间	备考
起床	6：30	
早餐	7：00	
上课	8：00—11：00	
午饭	12：00	
上课	1：30—4：30	
晚膳	5：00	
游艺	6：00—7：00	
讲话	7：00—8：00	
自修及讨论	8：00—9：30	
就寝	10：00	

△职教员一览表

姓名	别号	年龄（岁）	籍贯	所任课程或职务	备考
丁伯弢		48	日照	合作大意	
任德宽	济民	45	菏泽	实用农学	
于东汶	鲁溪	35	临淄	种棉法农业常识	兼主任
陈以静	镜人	31	德县	合作簿记	兼总务
任善立	子正	28	陵县	运销合作合作章则	兼教务
乔政安	礼卿	32	平度	合作经营法	
穆景元	文兰	27	德县	合作概论	兼训育
张鸿遵	瑞五	29	滋阳	事务员	
李守鲁	参如	24	广饶	事务员	

△ 课外讲员一览

姓名	别号	所属机关	解题	备考
梁漱溟		山东乡村建设研究院	乡村建设与合作	
陈隽人		济南中国银行	被剥削之棉农	
茹春蒲		山东乡村建设研究院	农村金融问题	
徐树人		同上	乡学村学与合作社之关系	
王怡柯	炳程	邹平县政府	棉花保护问题	
时济云		山东乡村建设研究院	合作为中国必由之路	
于鲁溪		邹平县政府	农业推广与合作事业	

各期情形纪略

第一期系在县城，假县党部举行，来会听讲者为十、十一、十二各乡已成立之合作社社员。共二十二社，正式听讲者五十四人。会期十日。于一月二十一日上午八时行开会礼，来宾计到山东乡村建设研究院院长梁漱溟先生及院中导师十余人，邹平县长王炳程及各机关代表八人，相继致词演讲，至十二时散会。下午即开始上课。三十日行闭会礼，发给证书。此期听讲者多为已成立之社，彼等已稍有了解，故情形甚好。时值隆冬时期，天气严寒，而各人振作精神，即五六十岁之老先生，亦毫无难色；其对合作社之兴趣，可想见也。（附听讲员一览表）

△ 第一期合作讲习会听讲员一览

姓名	年龄（岁）	所属社名	职务	报到日期	听讲日数	备注
张思发	41	宋家庄	社长	一月十九日	十日	
张永康	32	宋家庄	干事	同上	九日	
蔡志广	58	蔡家庄	社员	同上	十日	
孙殿玺	21	党里庄	干事	同上	十日	

续表

姓名	年龄（岁）	所属社名	职务	报到日期	听讲日数	备注
李善孝	38	孙家镇	社员	同上	十日	
马维俊	36	孙家镇	社员	同上	十日	
蔡守谦	55	蔡家庄	社员	一月二十日	十日	
蔡志斌	24	蔡家庄	社员	同上	十日	
蔡会盟	26	蔡家庄	干事	一月二十日	十日	
蔡建盟	24	同上	干事	同上	十日	
蔡志岚	27	同上	干事	同上	九日	
张思丰	39	孙家镇	干事	同上	十日	
卢永清	48	辉里庄	社员	一月二十日	十日	
李贞长	25	同上	干事	同上	十日	
时长高	24	时家庄	干事	同上	十日	
时长镐	40	同上	干事	同上		未到
张滋茂	54	道民庄	干事	同上	九日	
张滋让	59	同上	社员	同上	六日	
张毓梓	28	道民庄	社员	一月二十日	十日	
冯大震	24	冯家庄	社员	同上	十日	
冯曰寿	22	同上	社员	同上	十日	
朱可勤	35	周家庄	干事	同上	十日	
许建东	33	同上	社员	同上	十日	
张韶亭	32	信家庄	干事	同上		未到
信奎三	45	同上	社长	同上	六日	
成珍九	60	九成庄	社长	同上	七日	
成冠峰	47	同上	社员	同上	五日	
成兴周	45	同上	社员	同上	十日	
成兆文	32	九成庄	社员	同上	十日	
王继尧		西门里		同上		未到
张本书		西关		同上		未到

姓名	年龄（岁）	所属社名	职务	报到日期	听讲日数	备注
刘本昌	19	西关		同上	四日	机织合作社
徐庆辉	61	堰镇	社长	一月廿一日	八日	
徐次菖	29	王伍庄	社长	同上	一日	
韩守笃	25	同上	干事	同上	十日	
韩守业	27	同上	社员	同上	十日	
赵凤阁	32	同上	干事	同上	十日	
张贵香	27	张德佐庄	干事	同上	十日	
张子俊	60	张德佐庄	社员	同上	九日	
陈秀清	20	大陈家庄	干事	同上	八日	
张兆锹	22	同上	社员	同上	八日	
韩万封	18	印台李家庄	社长	同上	九日	机织合作社
刘子龙	48	同上		同上	九日	同上
蔡志璞	27	蔡家庄	社长	同上	八日	
夏宝统	26	波渣店	社员	同上	五日	
高铭选	40	高家庄	社长	同上	二日	
高希让	34	同上	社员	同上	五日	
王传金	25	霍家坡	干事	一月廿二日	七日	
王在沣	24	霍家坡	干事	二十二日	七日	
景维廉	27	波踏店	社员	二十三日	七日	
蔡建恩	20	蔡家庄	社员	二十三日		未到
孙兴诗	40	孙家庄	社员	二十三日	七日	

姓名	年龄 （岁）	所属社名	职务	报到 日期	听讲 日数	备注
李纶长	25	辉里庄	社员	二十三日	七日	
李乃芬	33	同上	干事	同上	七日	
张桂华	28	张德佐庄	社员	二十四日	六日	
李廷诰	52	蔡家庄	社员	同上	六日	
孙宪珠	33	韩家店	社员	同上	六日	
夏尔鸣	27	波踏店	社长	同上	六日	
王寿堂	39	张德佐庄	干事	二十七日	二日	

第二期在十三乡（花沟）乡学举行，与会听讲者为十二、十三两乡新成立之村社社员，共四十三人。筹备员于三月二十八日，即前往筹备，所有课室寝室及一切用品，均系借用乡学。二十二日各位导师及教员到齐，二十三日行开会礼，正式授课。会期七日，于三十日行闭会礼。此期各位教职员驾轻就熟，讲课及管理均较得法，故听讲情形极佳。（附听讲员一览表）

△第二期合作讲习会听讲员一览表

姓名	年龄	所属 社名	职务	报到 日期	听讲 日数	备考
赵麟庆	38	于家庄	社长	三月廿二日	七日	
刘光居	35	贾寨庄	干事	同上	六日	
宋兆举	32	天师庄	社长	同上	七日	
赵文训		冯旺庄	社长	二十七日	二日	
孙敬珊	22	田镇	干事	同上	七日	
岳思襄	38	岳家庄	社长	同上	七日	
禚绍先	20	双柳树	社员	同上	七日	
牛班五	32	胡家庄	干事	同上	七日	
孙鹤林	51	孙坊庄	社长	同上	七日	

姓名	年龄	所属社名	职务	报到日期	听讲日数	备考
李景梅	25	榆林庄	社长	同上	六日	
李树芬	53	石槽庄	社长	同上	七日	
李维荣		胡家官庄			未到	
何昌举	23	曹家庄	干事	二月廿二日	七日	
胡森业	24	小胡家庄	干事	同上	七日	
李秀儒	27	大有里庄	干事	同上	七日	
李景峦	28	李家官庄	干事	同上	七日	
王殿训	54	花沟	社长	同上	七日	
刘凤章	12	龙虎庄	社长	二月廿三日	七日	
王景珍	29	魏家庄	社长	二十三日	七日	
高汉俊	54	高旺庄	社长	二十三日	七日	
刘殿俊	29	云集官庄	干事	二十三日	七日	
王守助	33	沟旺庄	干事	二十三日	六日	
高宗耀	59	前陈庄	社长	二十三日	七日	
张尔俊	35	后石门	社长	二十三日	六日	
刘和凯	45	前石门	社长	二十三日	七日	
孙兆礼	42	吉祥庄	干事	二十三日	六日	
李晓峰	46	李星耀庄	干事	二十三日	六日	
宫继文	63	宫旺庄	社长	二十三日	七日	
张义田	29	赵家庄	干事	三月廿三日	七日	
张相壬	41	张家庄	干事	三月廿四日	六日	
毛桐林	18	毛家庄	社长	二十四日	六日	
王春华	27	东南四庄	干事	二十四日	六日	
李子祥	15	西南四庄	干事	二十四日	六日	
贾在洲	24	陈家庄	干事	二十四日	六日	
韩立奎	42	大官庄	干事	二十四日	六日	
李长佑	26	小三户	社长	二十四日	六日	

续表

姓名	年龄	所属社名	职务	报到日期	听讲日数	备考
张子朋	52	大三户	社长	二十四日	六日	
吕经贤	46	吕家庄	干事	二十四日	六日	
李世生	47	大李庄	社长	二十五日	五日	
王守瑚	25	杏行庄	干事	二十五日	五日	
魏道明	39	张家庄	社长	二十五日	五日	
李淑谦	27	腰庄	干事	二十五日	五日	
刘化章	42	陈玉平庄	社长	二十六日	五日	

　　第三期在八乡（明家集）乡学举行，来会听讲者为一、二、三、八、九、十各乡新成立之村社社员，共四十五人。于四月三日行开会礼，九日闭会，会期共七日。（附听讲员一览表）

△第三期合作讲习会听讲员一览表

姓名	年龄	所属社名	职务	报到日期	听讲日数	备考
管增吉	20	管家庄	社员	四月三日	七日	
刘毓鳞	25	辛桥	社长	同上	七日	
杨殿珊	28	杨家庄		同上	七日	
王在新	26	耿家庄	社员	同上	七日	
穆毓芹	26	牛家庄	社长	同上	七日	
刘广居	23	郑家庄	社员	同上	七日	
马延生	35	马庄	社员	同上	七日	
刘逺远	25	邢家庄	干事	同上	六日	
苏继孟	27	苏家桥	社长	四月三日	七日	
赵国兴	47	段家桥	干事	同上	七日	
牛光正	47	阎家集	社长	同上	七日	
张盛修	42	张家庄		同上	六日	
王守田	49	东左家	社长	同上	六日	

姓名	年龄	所属社名	职务	报到日期	听讲日数	备考
景敬修	39	高家庄	社长	同上	七日	
王毓甲	41	仓禀	社长	同上	七日	
孙炳恒	42	西闸	社长	同上	七日	
崔云江	56	于家	社长	四月四日	六日	
宋振南	53	宋家庄	社长	同上	六日	
颜景瑯	59	郭庄	社长	同上	七日	
王家魁	54	明家集	社长	同上	七日	
王登文	24	王家家		同上	七日	
王道吉	32	辛梁镇	社长	同上	未到	
郝荣乾	40	郝庄		同上	二日	
成玉田	50	成家	社长	同上	五日	
张俊亭	32	粉张庄	社员	同上	六日	
刘来亭	42	刘家庄		同上	二日	
赵湄川	45	化庄		同上	二日	
宋立元	43	宋家		同上	六日	
张传经	50	王家		四月四日	六日	
柴汇东	40	柴家	社长	同上	六日	
郑尊仁	43	宋家集	干事	同上	六日	
杨凤格	25	北杨家	社长	同上	六日	
李秉瑶	36	三辛庄	社长	同上	六日	
刘怀俭	44	徐家道口	干事	同上	五日	
韩现琯	29	韩家庄	干事	同上	六日	
李青云	57	刘聚桥	社长	同上	五日	
吴殿金	28	吴家	干事	同上	六日	
田思扶	48	韦家庄	干事	同上	六日	
张禄林	28	曹家	社长	四月六日	四日	
焦其然	30	大张官庄	干事	同上	三日	

姓名	年龄	所属社名	职务	报到日期	听讲日数	备考
李运瑞	25	西左家庄	社长	同上	四日	
王尊五	40	田家	社长	同上	一日	
贾汝桢	23	窝村	干事	同上	四日	
赵仲诚	31	东窝陀	干事	同上	一日	
董其训	44	董家	社长	同上	一日	
王志湖	25	郭庄	社长	四月八日	未到	
夏树荣	26	大李家庄		同上	一日	

第四期在第六乡（小店）乡学举行，听讲者为四、五、六、七各乡之村社社员，共三十八人。会期为七日，自四月十三日至十九日。（附听讲员一览表）

△第四期合作讲习会听讲员一览表

姓名	年龄	所属社名	职务	报到日期	听讲日数	备考
孙兆贞	22	邱家庄	社员	四月十二日	七日	
董志盛	25	甲子庄	社长	同上	七日	
刘嗣疆	45	南中逯	社员	同上	七日	
李云台		中范庄	社长	同上	未到	
王建堂	40	鄢家庄	社长	同上	七日	
景动堂	66	黄山前	社长	同上	七日	
李道魁	53	东颜里	社长	四月十日	六日	
刘清和	46	北范庄	社员	四月十四日	四日	
李守恒	20	南范庄	社员	四月十二日	七日	
释修堂	43	姚家庄	社长	同上	七日	
李仲义	45	耿家庄	社长	同上	六日	
王凤仪	26	官庄	干事	同上	七日	

姓名	年龄	所属社名	职务	报到日期	听讲日数	备考
王庆云	42	张家套	社长	同上	三日	
刘振修	59	杨村庄	社员	同上	六日	
李官文	52	大王驼庄	社长	同上	七日	
王鸿修	35	辛庄	社长	同上	七日	
李仕忠	54	玉章庄	社长	同上	七日	
崔和斌	41	崔家庄	社长	同上	六日	
刁长泰	24	小店	社长	同上	七日	
夏尔平	58	位家庄	社长	四月十三日	七日	
宋守泽	48	宋家庄	社长	同上	七日	
王作福	26	韩家庄	干事	同上	七日	
陈子衡	40	石家庄	社员	同上	七日	
程振声	52	小王驼	社员	同上	七日	
任汝信	35	冯家	社长	同上	七日	
林维兰	21	黄里庄	社员	同上	一日	
夏以桢	45	滕家庄	社长	同上	未到	
张翔卿	48	王家庄	社长	同上	七日	
陈雨亭	31	上口庄	社长	同上	七日	
张宗瑞	31	小言庄	社长	同上	七日	
释秀卿	33	释家套	社长	同上	七日	
张以勤	54	东范庄	干事	同上	未到	
刁庆赏	62	刁家庄	干事	同上	六日	
崔永溪	35	萧家庄	干事	同上	五日	
刘永泮	53	开河庄		同上	六日	
鄢子美	63	北禾庄	社长	四月十四日	六日	
安绍泉	28	樊家庄	社长	同上	六日	
宋省三	36	段家庄	社长	同上	二日	
孟现坤	19	穆王庄	社员	同上	六日	

续表

姓名	年龄	所属社名	职务	报到日期	听讲日数	备考
王传真	48	郭家庄		四月十五日	五日	
曲玉彩	42	旧口	干事	四月十六日	四日	

（二）刊发社讯

联合会方面为使各社社员明白社务情形，增进合作知识，举办讲习会，固极关重要；然时过境迁，合作空气易趋冷淡，故经第二次会务委员会议议决，编印不定期刊物——《社讯》，分赠各社。其对象为一般识字社员。所载多系事实，如关于各社新闻，会务消息，办法及章则等，即有短篇言论，亦皆谈话性质，通俗易解，务期粗通文义之农民，均能理会其意义。出版以来，按照各村社社员人数之多少，分赠三数册，不收刊费；对于社务之进行，极有裨益，社员对之亦颇感兴趣云。（详见社讯简章）

（三）其他

除上述二种训练外，其他如逢乡村集会及乡学学董会开会时期，指导人员多参加讲演。惟乡间农民，知识甚差，听觉复不灵敏，此种演说颇不易引起彼等之注意，而其效力最大者，厥为自由谈话。复以业务关系，联合会方面，在事实上即需要常常与各村社接头，此诚一大的好机会与彼等谈话。此种训练，给予社员之印象最为深刻，其意义亦至为重大也。此外如幻灯讲演，亦会借用山东乡村建设研究院之设备，举行一次。

业务经营

本年（廿三年）合作社之组织，既已普及全县，业务之经营，较诸往年，更为繁杂；兹将本年各种业务，分述如次。

甲　棉种

本年一月间，以各分社所存棉种，为数极多，特由总社派员分赴各处详细查验，并备款收集以资推广；除廉价分售县境各村种植外，所余之数，则向外销售。

（一）筹借棉种贷款

本社为备价收买各社所存棉种，特于本年一月间由总社向济南中国银行暂借洋四千元，以资应用；并由双方订立棉种借款合同。兹抄载于次：

立合同：济南中国银行（以下简称中行）、梁邹美棉运销合作总社（以下简称总社）今因总社需用款项，办美棉种籽，向中行借款；双方订立合同，协商条件如下：

一、此项借款以现大洋四千元为度，支用时由总社另出收据，交中行存查。

二、借款利息按月息八厘计算。

三、本合同期限定为六个月，到期时总社应负责将借款本利如数清偿。

四、此项借款专供总社购办美棉种籽之用，在研究院监督指导之下不得移作其他用途。

五、合同自签字后由双方向乡村建设研究院及邹平县政府立案。

六、本合同共缮四份，除送研究院及邹平县政府立案外；余两份双方各执一份，以资遵守。

借款者　梁邹美棉运销合作总社主席委员郭俊荣

贷款者　济南中国银行襄理陈隽人

中华民国廿三年一月八日

该合同签定后，即由本社出具收条，借到洋四千元，以凭支付。

（二）收集

款即备妥，当由总社派员告知各分社向孙家镇本社运送棉种。送到后，由总社负责评定等级，予以相当价款；不数日即行收齐。兹将各社所送棉种数量列下：

分社名称	送缴棉种斤数
蔡家村分社	27977
王伍村分社	25500
周家庄分社	8500
大陈村分社	3441
辉李庄分社	10000
孙家镇分社	5959
霍家坡分社	2744
冯家分社	2932
信家分社	5151
五户分社	2500
波蹅店分社	2620

分社名称	送缴棉种斤数
道民分社	3356
张德佐分社	22000
成家分社	5876
仓禀分社	9004
安刘分社	947
党里庄分社	6938
其他	8818
共计	154262

以上所收棉种，特等占百分之九，甲等占百分之七十五，乙等占百分之八，丙等占百分之八，均按照评定等级付予现款。特等每千斤二二元，甲等二十元，乙等一九元，丙等一八元，共计付洋三千零五十元。当时市场上普通棉种价格为十五六元之谱；此项脱字棉种品质优良，所定最低之价，亦较市场上为昂云。

（三）售销

本社既已收集十余万之优良棉种；为推广种植及扩大合作社组织计，拟尽量在本县各村廉价售销。先印就棉田调查表分赴各村从事棉田之调查，并请研究院及本县县政府分派多数人员到各村庄作扩大种植脱字美棉之宣传与指导。同时并组织新合作社，以备领取棉种。不期月间，各村风起云涌，成立村社二百余处，纷报棉田四百余顷，每亩以需要棉种五斤计算，须有二十余万斤棉种，始敷分布。照总社所收数目，尚差数万；乃将研究院农场所存棉种及各分社留用之棉种详加统筹，尚敷分配。除旧社员大部分自有棉种，勿庸再领外，其新组织之各社社员俱向指定地点领取棉种。关于棉种之价格，因系本县各社自己种植，定为廿一元；研究院农场之棉种品质最后，定为廿三元。各社领棉种时，先持总社填好之收据，向领种地点领取。该项收据样式如下：

存根	社名		共价若干		经手人
	领取人		当收洋数		
	领种数量		欠交洋数		年　月　日
	每斤价格		领种地点		

合　字　第　号

收据	社名		共价若干		经手人
	领取人		当收洋数		
	领种数量		欠交洋数		年　月　日
	每斤价格		领种地点		

是时，徐州麦作试验场来函要求购买本社棉种，经社务委员会议议决允售两万五千斤，每斤价洋八分。因入春以后，市上普通棉种，渐渐腾价，故所售价格，不能低于市价也。

自三月六日起至五月十五日止，始将全部棉种分售完竣。兹将分售情形，列如下表：

△棉种分售一览表

村社名称	数量（斤）	价格（元）	备考
十里铺社	2165	4.55	
贺家庄社	350	7.35	
韦家庄社	848	17.79	
大李家社	644	13.52	以上第一乡
耿家庄社	437	9.18	
钟家村社	421	8.85	
东窝陀社	790	16.59	

续表

村社名称	数量（斤）	价格（元）	备考
西窝陀社	126	2.65	
代庄社	355	7.46	
郭庄社	1205	2.53	
陈家庄社	233	4.89	
刘家庄社	113	2.38	以上第二乡
郎郡家社	200	4.20	第三乡
南范村社	230	5.23	
景家庄社	50	1.05	
黄山前社	150	3.15	
七里铺社	100	2.10	以上第五乡
韩家庄社	535	11.24	
张家套社	5075	10.66	
穆王庄社	535	11.24	
位家庄社	4775	10.30	
小店村社	140	2.94	
杨家村社	220	4.62	
曹家庄社	225	4.72	
崔家庄社	810	17.01	
东言礼社	410	8.61	
黄里庄社	50	1.05	
宋家庄社	55	1.16	
刁家村庄	1625	3.41	以上第六乡
甲子村社	200	4.20	
耿家村社	304	6.39	
冯家庄社	381	8.00	
旧口社	200	4.20	
姚家庄社	540	11.34	

村社名称	数量（斤）	价格（元）	备考
王庄村社	300	6.30	
韩家店社	420	8.82	
大王驼社	200	4.20	
上口庄社	68	1.36	
释家套社	476	10.00	
小王驼社	600	12.60	
萧家庄社	875	18.37	
波踶店社	415	8.72	
邱家村社	500	10.50	
官庄社	1263	26.53	
王家庄社	600	12.60	以上第七乡
二辛庄社	367.5	7.72	
耿家村社	1584	33.26	
牛家官庄社	1530	32.13	
段家桥社	895	18.80	
成家村社	655	13.75	
田家庄社	1185	24.89	
窝村社	2000	42.00	
许家道口社	1205	25.30	
解家庄社	485	10.18	
惠辛村社	1500	31.50	
牛家村社	745	15.65	
柴家村社	1000	21.00	
高洼庄社	400	8.40	
宋家村社	570	11.97	
明家集社	840	17.64	
东左家社	1600	33.70	

村社名称	数量（斤）	价格（元）	备考
仓禀村社	2100	45.30	
颜家集社	1305	22.41	
大张官村社	600	12.60	
苏家桥社	951	19.96	
宋家集社	582.5	12.23	以上第八乡
郝庄社	450	9.45	
吴家村社	900	18.90	
河沟崖社	375	7.87	
宋家庄社	845	17.75	
西左家社	800	16.80	
王家寨社	475	9.98	
杨家社	1320	27.72	
辛梁镇社	3300	69.30	
沙城村社	360	7.56	
辛桥社	700	14.70	
菅家村社	835	17.54	
于家村社	1950	40.95	以上第九乡
埝镇社	1207	25.36	
北杨村社	900	18.90	
南郑村社	737.5	15.49	
张家村社	4000	84.00	
长怀村社	759.5	15.95	
韩家村社	735	15.43	
刘聚桥社	975	20.48	
芬张村社	1180	24.78	
孔家村社	180	3.78	
马庄社	810	17.01	

村社名称	数量（斤）	价格（元）	备考
孙家村社	1234	25.92	
张德佐社	1575.5	33.09	
郭家村社	1450	30.40	以上第十乡
蔡家村社	7996	180.43	
孙家镇社	3399	72.16	
信家村社	1216	27.98	
王伍庄社	1122	23.56	
道民村社	1202	25.24	
周家村社	1585	3.33	
刘家村社	7135	14.98	
孟家坊社	300	6.90	
大陈村社	800	16.80	
冯家村社	331	6.95	
霍家坡社	1000	21.00	
范家村社	100	2.10	
大里庄社	240	5.04	以上第十一乡
辉李庄社	1996.5	41.92	
要庄社	759	15.94	
小三户社	810	17.01	
赵家村社	400	8.40	
打鱼里社	205	4.30	
于何村社	300	6.30	
党里村社	1135	23.84	
车郭村社	570	11.97	
郑曹村社	437	9.18	
潘刘村社	80	1.68	以上第十二乡
龙虎村社	2475	51.98	

村社名称	数量（斤）	价格（元）	备考
胡家庄社	890	18.69	
王旺庄社	240	5.04	
胡家店社	1500	31.50	
吕家村社	1622	34.07	
双柳树社	785	16.49	
吉祥村社	710	14.91	
前石门社	885	18.58	
后石门社	670	14.07	
李星耀社	3000	63.00	
贾寨村社	845	17.75	
沙高家社	890	18.69	
陈家庄社	740	15.54	
田镇社	1825	38.32	
李家官庄社	2000	42.00	
天师村社	645	13.55	
杨家庄社	500	10.50	
高旺庄社	1005	21.10	
西南四村社	1200	25.20	
魏家村社	1450	30.45	
张家庄社	1065	22.37	
岳家村社	1200	25.20	
孙坊庄社	800	16.80	
石槽庄社	510	10.71	
花沟镇社	1100	32.10	
前陈村社	365	7.66	
宫旺村社	505	1060	
于林庄社	650	13.65	

村社名称	数量（斤）	价格（元）	备考
大官庄社	1235	25.94	
云集村社	550	11.55	
沟王庄社	275	5.77	
龙桑树社	490	10.29	
杏行村社	500	10.50	以上第十三乡
鄢家村社	100		
乔木村社	30		
周家庄社	15		以上第五乡
南逯村社	279		
中逯村社	55		
北逯村社	50		以上第四乡
石家村社	195		
北范村社	250		
东范村社	320		
西范村社	175		以上第五乡
安家村社	75		首善乡

乙　贷款

本年美棉贷款，计分两次：一为棉苗贷款，于各社员棉苗出齐之后，按亩贷与，每亩计贷大洋三元。一为运销贷款，在秋季举行，先由各社详确估计棉花之收量，经联合会派员查实后，即行发放贷款，其所贷数目，最多不得超过棉花时值之七成（连春贷每亩三元在内）。计两次共贷洋十三万零五百七十七元。又因各社社员需购轧花机车，特办贷款一次：每部轧花机，贷与洋二十元，用动力者酌量增贷；归还期定为一年，不取利息。

该项目美棉贷款之来源，系由联合会借自济南中国银行；轧花机放款，则系借用本县轧花贷款。兹将办理经过情形，分述于下：

（一）棉苗贷款

本年春季，由各社详细调查社员棉花出苗情形，将棉苗出齐之亩数，填入总社所发之棉苗调查表内，交由总社派员按表复查。于六月间，联合会组织成立，乃将该项表册备文呈由县政府转函济南中国银行，携款来县，以备发放；同时，各指导人员暨本会职员，分赴各村社指导社员填具借款愿书及借款细数表、三联单等，持赴本会领款；至二十六日，始将贷款发放完竣，共计贷洋五万零八百二十六元。此项贷款利率，借入中国银行按月息八厘计算；分贷各社按月息一分计算。兹将借款合同及各村社贷款情形一览表，分列于下：

△借款合同

立合同：济南中国银行（下称中行）、梁邹美棉运销合作社联合会（下称联合会）今因联合会合作社员需用款项，由联合会负责向中行商借第一批间苗借款，双方订立合同，协义条件如下：

一、此次第一批借款，暂以六万九千一百二十三元为限。

二、联合会应观察各社社员需要情况，以及所种棉花出苗情形，放于社员间苗借款，每亩至多三元。此项借款专为社员植棉工本之用，不得移作他项用途。

三、联合会应将社员姓名及其自置田地亩数造册交于中行；并在建设研究院监督指导之下保证该田地所产棉花，为中行间苗借款之担保品。

四、借款利息按月息八厘计算，自借款日起至还款日止。

五、本合同期限定为六个月，自二十三年六月二十五日起至二十三年十二月二十五日止，到期时联合会应负责将借款本利如数清偿。

六、此项借款手续先由各社填具借款愿书交联合会审查后，再由联合会填具借款愿书加附各社借据一份。

七、本合同共缮四份，除送乡村建设研究院及邹平县政府立案外；余两份双方各执一份，以资遵守。

济南中国银行代经理　陈隽人（印）

梁邹美棉运销合作社联合会主席　孙子愿（印）

中华民国二十三年六月二十五日

△ 各社贷款情形暨未贷款社概况一览

会员社名	社长姓名	棉苗亩数（亩分）	借款社员人数（人）	贷款数（元）	备考
时家村社	时尚璧	467.5	25	1402	
孙家镇社	孙子愿	218	14	654	
范家村社	张学孟	411	5	162	
大李庄社	李世昇	22	6	66	
道民庄社	张毓德	348.5	14	1045	
刘家庄社	刘景峰	210	15	630	
大陈村社	于广普	343.5	25	1029	
冯家村社	赵克屏	147	19	441	
蔡家村社	蔡志璞	1028	61	3084	
周家村社	朱守田	349	26	941	
安刘村社	张毓福	685	27	2055	
孟家坊社	王东乙	139	16	417	
霍家村社	石深山	314	21	940	
信家村社	信奎三	622	23	1848	
王伍村社	徐方蒲	677	23	2033	以上各社系第十一乡
曹家村社	何昌温	29	7	88	
小三户社	李长佑	131	15	393	
车郭庄社	刘松荣	86	11	258	以上各社系第十二乡
前陈村社	高宗耀	148	26	444	
吕家村社	吕树典	259	20	777	

会员社名	社长姓名	棉苗亩数（亩分）	借款社员人数（人）	贷款数（元）	备考
石槽村社	李若会	105	14	315	
吉祥村社	孙传珍	110.5	22	331	
沟王村社	王世斌	41	8	123	
李官村社	李景庠	131	16	393	
宫旺村社	宫继文	72	14	216	
花沟镇社	王殿勋	208	20	624	
李星耀村社	李瑞玓	303	37	909	
双柳树村社	贾福远	60	10	180	
高旺村社	高汉俊	105.5	18	316	
龙虎村社	刘凤章	209	51	927	
天师村社	宋兆举	25	5	75	
岳家村社	岳思襄	141	22	426	
魏家村社	王景珍	218	29	654	
贾塞村社	刘振乾	108	19	324	
孙坊庄社	孙鹤林	67	24	202	
榆林村社	李贵显	77	19	231	
张家村社	张凤岗	165.5	35	496	
西南四村社	李丹忱	105	11	315	
龙桑树村社	柴启禄	67	10	201	以上社系第十三乡
张家套村社	王秀云	103.5	19	301	第六乡
韩家庄社	刘锦章	90	5	270	第十乡
曹家小庄社	李道渭	46	13	138	
刁家庄社	刁庆德	39	15	117	
杨村社	刘柄修	49	13	147	
东言礼村社	李道奎	59	11	177	
魏家庄村社	李守经	36	13	108	以上系第六乡

会员社名	社长姓名	棉苗亩数（亩分）	借款社员人数（人）	贷款数（元）	备考
姚家村社	释修堂	67	21	201	
王家庄社	陈子彬	155	22	465	
玉章庄社	李士忠	59	7	177	
官庄社	杨继达	172	24	516	
耿家庄社	李仲义	40	10	120	
邱家村社	李永孚	64	12	192	以上第七乡
穆王庄社	孟珠明	120	35	360	第六乡
小王驼村社	程振声	165	19	496	
王驼庄社	李官文	45	7	135	
波蹱店社	夏尔明	79	12	237	以上第七乡
苏家桥村社	苏传信	156	20	468	
宋家庄社	张思发	78	15	234	
高洼庄社	景敬修	66	7	198	
仓禀庄社	王泮亭	373	20	1119	
二辛庄社	李秉瑶	72	6	216	
东左家社	王守田	423	19	1269	
窝村社	贾丕基	438	16	1314	
田家村社	王尊五	326	48	978	
耿家村社	张传鳌	248	19	944	
明家集社	王家魁	172	8	381	
宋家集社	于景唐	63	14	189	
颜家集社	张子和	255	24	765	
惠家辛庄社	惠文节	219	15	657	以上第八乡
沙城庄社	张传经	40	10	120	第九乡
十里铺社	崔贻津	33	17	99	系第一乡
大碾村社	郝克明	111	8	333	
于家村社	崔云江	203	12	609	

会员社名	社长姓名	棉苗亩数（亩分）	借款社员人数（人）	贷款数（元）	备考
宋家村社	焦肇敏	60	7	180	
辛桥村社	刘玉林	61	12	183	
辛梁镇社	郝文台	506	52	1518	
杨家村社	杨宪忠	101	11	303	以上第九乡
刘聚桥社	李青云	89	10	267	
张家庄社	张永贵	621	64	1863	
北杨家村社	杨文玉	150	24	450	
成家村社	成珍九	958	51	2874	
孙家庄社	孙殿楹	343.9	29	731	
崖镇社	胥清辉	241.5	36	726	
郭庄社	颜景瑯	199	34	597	
粉张村社	张玉玺	175	27	525	
长怀家社	颜京辉	115	11	345	
孔家村社	孔庆贞	66	7	198	
马家村社	马学仁	925	19	277	以上第十乡
后石门社	张尔后	55	9		第十三乡
中范庄社	李云台	57	16		
鄢家庄社	王鉴堂	17	8		
石家庄社	陈守峰	40	13		
南范庄社	李执亭	55	9		
逯家庄社	张伯良	71	12		
东范庄社	张传盛	39	20		以上第五乡
韩家庄社	韩佩德	75	23		
崔家庄社	崔和斌	153	42		以上第六乡
萧家庄社	夏方贵	157	37		
韩家店社	孙光志	100	17		
辛庄社	王乃武	68	9		

会员社名	社长姓名	棉苗亩数（亩分）	借款社员人数（人）	贷款数（元）	备考
旧口庄社	杨书林	37	7		
王家庄社	王曰瑞	64	11		
冯家庄社	任允江	32	11		
释家套社	谢鉴堂	84	12		以上第七乡
郝家庄社	郝荣乾	112	12		
王家寨社	王沛福	118	15		
菅家庄社	菅文焕	142	20		
左家庄社	左玉芝	277	44		
河沟崖社	韦庆祥	75	16		
徐道口社	刘怀汉	107	32		以上第九乡
牛家庄社	穆毓芹	157	17		
段家桥社	张怀丰	155	40		
大张官庄社	王登瀛	112	30		
宋家庄社	宋振南	85	23		
解家村社	崔秉俊	25	13		以上第八乡
五户村社	王曰华	38	7		
于何村社		45	10		
赵家村社	张盛卿	705	14		
党里庄社	李郁庭	90	7		
高家村社	高铭选	85	8		以上第十二乡
大李家村	李丙午	128	47		
贺家村社	李德新	64	20		以上第一乡
化庄村社	赵湄川	58	17		
郭家庄社	田思圣	110	12		
陈家庄社	张永和	46	32		

会员社名	社长姓名	棉苗亩数（亩分）	借款社员人数（人）	贷款数（元）	备考
东窝陀社	赵臣修	158	44		
耿家庄社	刘子丰	87	44		以上第二乡
郎君庄社	刘子荣	26	14		第三乡

（二）运销贷款

本会为调剂农村金融，救济社会经济窘迫，及发展社务起见，特于棉花开始收获之际，举办第二次美棉贷款。事先由研究院派乔礼卿先生，县政府派任子正、陈镜人、于伯良、李参如各先生，本会派郭仁绂，蔡志璞等分，赴各村社协同村社职员，实地考察各社员棉花状况，由各社员一一估计自植棉花收量，以作贷款之根据；并指导社员填具借款愿书及联单准备领款。本会主席孙子愿，则商请研究院院长梁漱溟先生、农场主任于鲁溪先生、县政府第四科科长钱子范先生转向济南中国银行接洽贷款，俾资发放。于九月二日该行即派董震亚先生等，携款到县；本会即分别通知第十、十一、十二、十三各乡村社于九月四日来会领款。是日秋雨频降，行道泥泞，县政府钱科长同济南中行董、胡雨先生冒雨携款由城来会，各乡指导人员暨各村社社长亦均陆续到会。至十二时，开始发放贷款，当日尚未贷完；次晨，继续发放，计贷款洋四万九千八百二十二元。又规定于九月八日在本会县城办事处——县府第四科内——继续放款，由各村社指导人员就近先期通知准时前往领取；当日即发放完竣，计又贷洋二万九千九百二十九元。总计此次美棉贷款数目为七万九千七百五十一元，系按照社员棉花估计之收量贷与。连同第一次每亩三元贷款，约为估定棉花数量时价七成之数。各社员有此借款，足可救济自身的经济窘迫，而乡村金融，亦得借以调剂矣。

此次贷款发放完竣后，由本会出具借款收据，交于济南中行收存；并在县城办事处与该行补签合同。兹将签订之第二次美棉借款合同及各会员社贷款情形一览表，分列于下：

△ 借款合同

立合同：济南中国银行（下称中行）、梁邹美棉运销合作社联合会（下称联合会）今因联合会合作社社员需用款项，由联合会负责向中行商借第二批收花时需用借款。双方订立合同，协议条件如下：

一、此项第二批借款，暂以一十万元为限。

二、联合会应观察各社员自置田地所产棉花之收成数量（以每亩产量五十斤棉花为标准）以及各社员需要状况放于社员，每亩至多不得超过七元；此项借款专为社员收花时运销之需，不得移作其他用途。

三、联合会根据第一批借款合同之第三条将社员自置田地亩数所产籽花或棉花全数应负责保证为中行第一批及第二批借款之担保品。

四、联合会提供担保品之籽花或棉花送存中行所租之仓库，或送联合会之仓库，由该会负责妥存，归中行派员管理；并应得中行同意之保险公司保险，其保险费归联合会担任，保险单交中行收存。但该仓库之安全，应由联合会负一切保卫之责。

五、借款利息按月息八厘计算，自借款日起至还款日止。

六、本合同期限定为六个月，自二十三年九月四日起至二十四年三月四日止；到期时，联合会应负责将借款本利如数清偿。

七、此项借款手续，先由各社填具借款愿书，交联合会审查后，再由联合会填具借款愿书，加附各社借据一份。

八、联合会将棉花运至中棉公司，应负沿途一切安全责任。如托中棉出售时，将售棉之款全数拨交中行归还欠款；如有余数，听由联合会支付。倘将棉花运往他埠出售，联合会应先将中行第一批第二批欠款本利如数清偿，方能起运。

九、本合同共缮四份，除送乡村建设研究院及邹平县政府立案外；余两份，双方各执一份，以资遵守。

借款者：梁邹美棉运销合作社联合会主席孙子愿（印）

贷款者：济南中国银行代经理陈隽人（印）

中华民国二十三年九月四日

△各会员社第二次贷款情形一览

会员社名	贷款总数（元）	借款社员人数（人）	棉田亩数（亩）	抵押籽棉斤数（斤）	备考
花沟镇社	1188	19	208	20000	
双柳村社	207	10	60	3450	
吕家村社	1141	21	264	18800	
榆林村社	189	19	77	3150	
前陈村社	732	26	148	12200	
贾寨村社	469	19	110	7850	
沟王村社	246	8	41	4100	
高旺村社	399	18	105.5	6650	
吉祥村社	378	22	110.5	6300	
龙桑树社	246	10	67	4100	
龙虎村社	1458	51	309	24300	
魏家村社	903	17	233	20900	
李星耀村社	1430	37	303	23850	
李家官村社	570	16	131	9500	
孙坊村社	327	23	67.5	5450	
天师村社	186	11	45	3250	
岳家村社	636	22	142	10600	以上系第十三乡
辉李村社	234	16	277	26340	
小三户村社	645	14	136	12200	
赵家村社	423	9	68	5180	
党里村社	693	7	77	7900	

续表

会员社名	贷款总数（元）	借款社员人数（人）	棉田亩数（亩）	抵押籽棉斤数（斤）	备考
郑家村社	42	4	30.5	1695	
高家村社	1905	9	216	21700	
车郭村社	153	14	86	5000	以上系第十二乡
孟家坊社	513	10	90	9700	
大陈村社	982	22	289	22550	
霍家村社	1196	20	361.5	27960	
孙家镇社	3462	22	467	49690	
道民村社	3476	24	503.5	51500	
信家村社	3155	28	622	61940	
时家村社	3145	30	505.5	60660	
王伍村社	2521	20	559.5	49830	
安刘村社	4053	29	718	71760	
蔡家村社	3248	54	1056	73480	
冯家村社	1293	21	200	20500	
周家村社	687	17	192	14400	
大李村社	26	3	22	1080	以上系第十一乡
崖镇社	241	5	241.5	9920	
郭家村社	708	18	121	11250	
九成村社	2891	38	723	47900	
张家村社	466	12	630	15650	
北杨村社	384	17	159	10500	
马家村社	472	14	92.5	8500	
刘聚桥村社	213	8	130	6450	
长怀村社	264	3	115	9980	以上系第十乡
张家村社	795	35	165.5	13500	系第十三乡

会员社名	贷款总数（元）	借款社员人数（人）	棉田亩数（亩）	抵押籽棉斤数（斤）	备考
					以上四十六社借款日期系九月四日
逯家村社	278	5	31.5	3110	系第四乡
南范村社	207	6	30	3000	
鄢家村社	156	5	13	1200	以上系第五乡
魏家村社	108	11	31	2170	
刁家村社	117	8	39	2730	
穆王村社	227	11	59	4590	
东言礼村社	337	9	57	5700	
张家套村社	540	14	90	9000	以上系第六乡
波蹅店村社	432	12	79	7900	
韩家店村社	840	18	105	10500	
耿家村社	243	10	40.5	4050	
玉章村社	354	7	59	5900	
大王坨村社	972	16	123	12300	
宋家村社	468	15	78	7800	
小王坨村社	280	9	56	5600	
王家村社	489	10	54	5450	
甲子村社	600	7	75	7500	以上系第七乡
明家集村社	645	8	127	11300	
二辛村社	455	6	72	7200	
田家村社	1139	39	289	22250	
惠家辛村社	1782	19	241	16800	
仓禀村社	2266	20	372	37300	
窝村社	1905	9	318	31500	
颜家集村社	1380	24	255	23700	

会员社名	贷款总数（元）	借款社员人数（人）	棉田亩数（亩）	抵押籽棉斤数（斤）	备考
东左家村社	2563	18	411	41100	
耿家村社	1805	21	272	28250	
牛家村社	594	6	66	6600	以上系第八乡
于家村社	610	6	139	11400	
宋家村社	90	2	27	1890	
大碾村社	371	8	111	7770	
菅家村社	528	7	45	5850	
杨家村社	1124	29	170	15750	
东辛梁镇社	1327	18	154	13500	
西辛梁镇社	1642	18	218	25174	以上系第九乡
柴家村社	529	10	78	5850	第八乡
高洼村社	256	7	66	5000	第八乡
孔家村社	140	3	66	4700	第十乡
南郑村社	315	4	35	3500	第十乡
宫旺村社	372	13	72	7200	第十三乡
石槽村社	384	13	106	6550	第十三乡

以上四十社借款日期系九月八日

（附注）此次未借款各社社员人数及估计棉花收量数，均未列入表内。

（三）轧花机贷款

本县县政府为使各村美棉运销合作社便利轧花，保持纯种起见，特添设合作轧花机贷款，并规定贷款办法十三条，本会即依照是项办法，分赴各村社劝导社员借款购买轧花机车，先由社员填具轧花机借款单，再由村社社长出具借款愿书并加附借款单副联，报由联合会照数发款。

兹将社员借款单及村社借款愿书，附载于次：

△社员借款单

轧花机借款单正联

社名	
社员姓名	
借款数	
借款日期	
还款日期	
保人	
借款社员	签字盖章或按手印

第　　　　　　　　　　　号

此联交村社

轧花机借款单副联

社名	
社员姓名	
借款数	
借款日期	
还款日期	
保人	
	借款社员

此联由村社掣交联合会

△村社借款愿书

兹有本社社员　　　　需购轧花机　部，向　　　　　　贵会借到合作轧花机贷款　　　元，经社长证明绝不以此款移作他用，借期一年，如数归还。倘有满期不缴情事，社长负清还之责。为此连同该社员借款单副联　　份，一并送请贵会查收为荷！此上

梁邹美棉运销合作社联合会

附轧花机借款单副联　份

村美棉运销合作社社长

中华民国年　　年　　日

至九月十五日止，计请求借款村社四十又七，共计应借款洋二千四百六十元。又第八乡仓禀、柴家、高洼等村社联合设立动力轧花厂，请求按照县府合作轧花贷款办法第三条之规定酌增贷款；经联合会商请县府允为贷给洋四百元。总计贷款数目共为二千八百六十元，均由联合会转请县府照数发给。

兹将各社借到合作轧花机贷款一览表，列于下：

借款村社	社长姓名	借款数（元）	借款社员	备考
逯家村社	张伯良	60	刘伯良，刘嗣疆，张泽普	第四乡
南范村社	李执亭	40	李执亭，李庶信	第五乡
王家村社	王曰瑞	60	王曰瑞，王传岳，程光茂	第七乡
宋家村社	张思发	60	张思发，张永康，祖振茂	第七乡
韩家店村社	孙广志	40	孙广志，韩俊三	第七乡
小王坨村社	程振声	100	程继隆，王洛亭，王复道，王复瀛，程振声	第七乡
冯家村社	赵克屏	40	赵克屏，冯汝能	第十一乡
九成村社	成珍九	100	成珍九，成冠荣，成冠峰，成兆文，成立平	第十乡
安刘村社	张毓福	20	苗恒昌	第十一乡
榆林村社	李贵显	20	李贵显	第十三乡
岳家村社	岳思襄	80	岳思九，岳和远，岳焕章，岳思恭	第十三乡
龙桑树村社	柴启禄	20	柴启录	第十三乡

借款村社	社长姓名	借款数（元）	借款社员	备考
霍家村社	石舜峰	120	王在沣，霍淑听，王志亮，王志学，霍淑滨，夏树森	第十一乡
大陈村社	于广普	60	张式三，陈秀岚，信遵俭	第十一乡
辉李村社	李英长	60	李北辰，李英长，李明长	第十二乡
信家村社	信奎三	40	张安玉，张韶亭	第十一乡
赵家村社	张爱吾	60	张义田，张爱吾，张效宗	第十二乡
大师村社	宋兆举	20	王毓芝	第十三乡
李兴耀村社	李瑞琤	60	李瑞琤，李晓峰，李玉成	第十三乡
周家村社	朱守田	100	董元泽，崔凤阁，郭成荣，郭俊杰，许宗申	第十一乡
孙家镇社	孙子愿	140	马文齐，张思丰，李继荣，李善孝，马梓乡，周汝泰，孙奎秀	第十一乡
前陈村社	高宗耀	40	高云青，高宗耀	第十三乡
贾寨村社	刘振乾	40	刘振祥，王茂泰	第十三乡
车郭村社	刘松嵘	80	刘光友，刘光汉，刘清和，刘振林	第十二乡
沟王村社	王世斌	20	王世斌	第十三乡
龙虎村社	刘凤章	60	刘凤章，刘元龙，刘作华	第十三乡
吉祥村社	孙传珍	20	孙传宝	第十三乡
张家村社	张凤岗	60	张凤岗，王景云，窦承绪	第十三乡
高旺村社	高汉俊	40	高金台，高汉俊	第十三乡

借款村社	社长姓名	借款数（元）	借款社员	备考
魏家村社	王景珍	40	王景珍，王佩凤	第十三乡
李官村社	李景庠	40	李景田，李景山	第十三乡
孙坊村社	孙鹤林	20	孙守哲	第十三乡
蔡家村社	蔡志璞	160	蔡守道，蔡守谦，蔡志超，李振信，李廷诰，蔡会营，蔡志德，蔡传宾	第十一乡
花沟镇社	王殿勋	60	孔繁元，王殿训，毛元盛	第十三乡
双柳树村社	贾福远	20	贾福远	第十三乡
吕家村社	吕树典	80	吕树典，吕树棠，吕景山，吕景章	第十三乡
波家店村社	夏尔明	60	景茂德，夏尔明，夏一让	第七乡
东言礼村社	李道奎	20	李道奎	第六乡
穆王村社	孟珠明	60	李嘉桢，孟昭琦，张志起	第六乡
宫旺村社	宫继文	20	宫继文	第十三乡
甲子村社	董学仁	20	董学仁	第七乡
魏家村社	李守经	60	张玉卿，王茂申，李守经	第六乡
张家套村社	王秀云	40	王秀云，张遵让	第六乡
大王坨村社	李官文	40	李官文，王佩兰	第七乡
玉章村社	李士忠	20	李士忠	第七乡
韩家坊村社	孙子玉	20	颜振珂	第一乡

借款村社	社长姓名	借款数（元）	借款社员	备考
韦家村社	田经奎	20	孙润生	第一乡
高洼仓禀等村社柴家	景敬修 王泮亭 柴念沣等	400	王毓英，柴念沣，景敬修，孙子英，柴念信，柴春甫等	第八乡各该村社员等联合设立动力轧花机厂借洋如上数

丙　征收股金

（一）会股股金

按照本会章程第七条及第八条——会员均须认购本会会股（七条三项）；每股定为国币五元，入会时一次缴清（八条一项）。会员认股，每社至少一股同条二项）之规定，则各会员社于春季入会时期，即当认购会股。但因当时各社重新改选或甫经组织成立，遽认会股，事实上不无困难；故本会规定通融办法，延至秋季办理，并顺便到各村社说明于是时一律认购会股。凡社内棉田不足三百亩者认购一股，三百亩以上之社，斟酌加认，以符定章（惟棉田过少或未向本会承借美棉贷款之社，可暂缓认购）。各会员社经此次说明后，遂纷纷认购；至九月八日止，已达一百零五股，计收到股金洋五百二十五元。兹将会员认股情形列表如下：——

△各会员社认购本会会股一览表

会员社名	认购股数（股）	金额（元）	日期	临时股据号数	备考
时家村社	2	10	民国二十三年九月四日	会字第一号	
孙家镇社	2	10	同上	会字第二号	

会员社名	认购股数（股）	金额（元）	日期	临时股据号数	备考
道民村社	2	10	同上	会字第三号	
大陈村社	2	10	同上	会字第四号	
冯家村社	1	5	同上	会字第五号	
蔡家村社	4	20	同上	会字第六号	
周家村社	2	10	同上	会字第七号	
安刘村社	3	15	同上	会字第八号	
孟家坊村社	1	5	同上	会字第九号	
霍家村社	2	10	同上	会字第十号	
信家村社	2	10	同上	会字第十一号	
小三户村社	1	5	同上	会字第十二号	
王伍村社	3	15	同上	会字第十三号	以上系第十一乡
车郭村社	1	5	同上	会字第十四号	
辉李村社	1	5	同上	会字第十五号	
党里村社	1	5	同上	会字第十六号	
高家村社	1	5	同上	会字第十七号	
赵家村社	1	5	同上	会字第十八号	以上系第十二乡
前陈村社	1	5	同上	会字第二十号	
吕家村社	1	5	同上	会字第二十一号	
石槽村社	1	5	同上	会字第二十二号	
吉祥村社	1	5	同上	会字第二十三号	
沟王村社	1	5	同上	会字第二十四号	
李官村社	1	5	同上	会字第二十五号	
宫旺村社	1	5	同上	会字第二十六号	
花沟镇社	1	5	同上	会字第二十七号	
李星耀村社	2	10	同上	会字第二十八号	
双柳树村社	1	5	同上	会字第二十九号	
高旺村社	1	5	同上	会字第三十号	

会员社名	认购股数（股）	金额（元）	日期	临时股据号数	备考
龙虎村社	2	10	同上	会字第三十一号	
天师村社	1	5	同上	会字第三十二号	
岳家村社	1	5	同上	会字第三十三号	
魏家村社	1	5	同上	会字第三十四号	
贾寨村社	1	5	同上	会字第三十五号	
孙坊村社	1	5	同上	会字第三十六号	
榆林村社	1	5	同上	会字第三十七号	
张家村社	1	5	同上	会字第三十八号	
龙桑树村社	1	5	同上	会字第四十号	以上系第十三乡
刘聚桥村社	1	5	同上	会字第四十一号	
张家村社	2	10	同上	会字第四十二号	
北杨村社	1	5	同上	会字第四十三号	
九成村社	3	15	同上	会字第四十四号	
崖镇社	1	5	同上	会字第四十五号	
郭家村社	1	5	同上	会字第四十六号	
马家村社	1	5	同上	会字第四十七号	
南郑村社	1	5	同上	会字第四十八号	以上系第十乡
逯家村社	1	5	同上	会字第四十九号	第四乡
南范村社	1	5	同上	会字第五十号	
鄢家村社	1	5	同上	会字第五十一号	以上系第五乡
魏家村社	1	5	同上	会字第五十二号	
刁家村社	1	5	同上	会字第五十三号	
穆王村社	1	5	同上	会字第五十四号	
东言礼村社	1	5	同上	会字第五十五号	
张家套村社	1	5	同上	会字第五十六号	以上系第六乡
波蹅店村社	1	5	同上	会字第五十七号	
韩家店村社	1	5	同上	会字第五十八号	

会员社名	认购股数（股）	金额（元）	日期	临时股据号数	备考
耿家村社	1	5	同上	会字第五十九号	
玉章村社	1	5	同上	会字第六十号	
大王坨村社	1	5	同上	会字第六十一号	
宋家村社	1	5	同上	会字第六十二号	
小王坨村社	1	5	同上	会字第六十三号	
王家村社	1	5	同上	会字第六十四号	以上系第七乡
明家集社	1	5	同上	会字第六十五号	第八乡
二辛村社	1	5	同上	会字第六十六号	第八乡
甲子村社	1	5	同上	会字第六十七号	第七乡
惠家辛村社	1	5	同上	会字第六十八号	
柴家村社	1	5	同上	会字第六十九号	
窝村社	2	10	同上	会字第七十号	
颜家集社	1	5	同上	会字第七十一号	
东左家村社	2	10	同上	会字第七十二号	
仓禀村社	2	10	同上	会字第七十三号	
耿家村社	1	5	同上	会字第七十四号	
牛家村社	1	5	同上	会字第七十五号	以上系第八乡
于家村社	1	5	同上	会字第七十六号	
菅家村社	1	5	同上	会字第七十七号	
大碾村社	1	5	同上	会字第七十八号	
杨家村社	1	5	同上	会字第七十九号	
东辛梁镇社	1	5	同上	会字第八十号	以上系第九乡
高洼村社	1	5	同上	会字第八十一号	第八乡
西辛梁镇社	2	10	同上	会字第八十二号	第九乡
田家村社	2	10	同上	会字第八十三号	第八乡
总计	105	525			

（附注）股据会字第九，三九两号，因填错作废。

此项会股股金，将由本会妥为存放；会股利率，照本会章程第八条，定周年六厘。再，尚未认股各会员社，以后认股时，仍依章办理云。

（二）社股股金

各村社通用简章，规定社员须向社认购社股；并规定每股金额，国币二元，第一次缴纳二分之一。但以今春乡村经济，紧迫异常，各社社员对于社股，未便认购；延至秋季社员始向各该村社遵章认股。当由村社随时掣给临时股据。兹将各村社收到股金，详为统计列表如下：——

△社员认购村社社股总数一览表

村社名称	认购社股社员人数	认股总数	应缴金额	现缴金额	备考
张家村社	32	32	64	32	
双柳树社	10	10	20	10	
花沟镇社	18	18	36	18	
吕家村社	21	22	44	22	
榆林村社	18	18	36	18	
前陈村社	26	26	52	26	
贾寨村社	19	16	32	16	
沟王村社	8	8	16	8	
高旺村社	18	18	36	18	
吉祥村社	22	22	44	22	
龙桑树社	10	10	20	10	
龙虎村社	51	51	102	51	
魏家村社	17	17	34	17	
李星耀社	35	35	70	35	

村社名称	认购社股社员人数	认股总数	应缴金额	现缴金额	备考
李官村社	16	16	32	16	
孙坊村社	23	23	46	23	
天师村社	5	5	10	5	
岳家村社	22	22	44	22	
宫旺村社	13	14	28	14	
石槽村社	13	13	26	13	以上系第十三乡
辉李村社	16	19	38	19	
小三户社	14	14	28	14	
赵家村社	7	7	14	7	
党里村社	7	7	14	7	
曹家村社	4	4	8	4	
高家村社	9	11	22	11	
车郭村社	14	14	28	14	以上系第十二乡
孟家坊社	10	10	20	10	
大陈村社	21	21	42	21	
霍家村社	20	21	42	21	
孙家镇社	22	30	60	30	
道民村社	24	28	56	28	
信家村社	28	41	82	41	
时家村社	30	40	80	40	
王伍村社	20	31	62	31	
安刘村社	29	44	88	44	
蔡家村社	51	51	102	51	
冯家村社	21	22	44	22	
周家村社	17	18	36	18	
大李村社	3	3	6	3	以上系第十一乡
长怀村社	3	4	8	4	

村社名称	认购社股社员人数	认股总数	应缴金额	现缴金额	备考
崖镇村社	5	5	10	5	
郭家村社	18	18	26	18	
九成村社	28	50	100	50	
张家村社	12	14	28	14	
北杨村社	17	18	36	18	
马家村社	14	14	28	14	
刘聚桥社	8	8	16	8	
孔家村社	3	3	6	3	
南郑村社	4	6	12	6	以上系第十乡
于家村社	6	7	14	7	
宋家村社	2	2	4	2	
大碾村社	8	8	16	8	
菅家村社	7	7	14	7	
杨家村社	29	29	58	29	
东辛梁镇社	18	18	36	18	
西辛梁镇社	18	22	44	22	以上系第九乡
柴家村社	10	10	20	10	
高洼村社	7	7	14	7	
明家集村社	8	8	16	8	
二辛村社	6	6	12	6	
田家村社	39	39	78	39	
惠辛村社	19	19	38	19	
仓禀村社	20	30	60	30	
窝村社	9	21	42	21	
颜家集社	24	26	52	26	
东左家社	18	27	54	27	
耿家村社	21	23	46	23	

续表

村社名称	认购社股社员人数	认股总数	应缴金额	现缴金额	备考
牛家村社	6	6	12	6	以上系第八乡
波踏店社	12	12	24	12	
韩家店社	18	18	36	18	
耿家村社	10	10	20	10	
玉章村社	7	7	14	7	
大王坨村社	16	16	32	16	
宋家村社	15	15	30	15	
小王坨村社	9	9	18	9	
王家村社	10	10	20	10	
甲子村社	7	7	14	7	以上系第七乡
魏家村社	11	11	22	11	
刁家村社	8	8	16	8	
穆王村社	11	11	22	11	
东言礼社	9	9	18	9	
张家套社	14	14	28	14	以上系第六乡
南范村社	5	5	10	5	
鄢家村社	5	5	10	5	以上系第五乡
逯家村社	5	5	10	5	第四乡
韦家村社	7	7	14	7	
韩家坊社	7	7	14	7	
大李家村社	7	7	14	7	以上系第一乡
总计	1344 人	1480 股	1960 元	1480 元	

丁　收花

（一）划定收花区

各社送花地点，集中一处，对于业务上似觉便利。然以地域辽阔之故，集中收花，各社往返费时，实有相当难处；乃划定区域，分头收花。兹将分区收花情形列表如下：

收花地点	送花村社	备考
孙家镇本会事务所及轧花厂	第十一乡各社，第十二乡各社，第六乡各社，第七乡各社，第十三乡之前陈、吕家、西南四、龙桑树、吉祥，五个村社。	籽棉皮棉兼收，但各社所送籽棉不得超过全数三分之一
花沟镇办事处	第十三乡北部各社。	收皮棉
高洼庄办事处	第八乡各社，第九乡各社。	收籽棉
县城办事处	第一乡各社，第二乡各社，第四乡各社，第五乡各社。	收籽棉

收花区域划定后，当即通知各村社于十月十五日开始收集社员棉花；本会及各办事处，则一律规定于十月廿二日开始收花。

（二）分级

棉花分级工作，实属重要；因对棉花价格之高低，甚有关系。本会于收花之前，曾请山东乡村建设研究院函请棉业统制委员会派员来县，担任棉花检点分级事宜。当由棉统会中央棉产改进所派巫茂材先生到会担任此项工作。

各社棉花送入本会或各办事处时，由收花人员详加评定，分为特、甲、乙三等，并按照评定等级，及送交数量填给收据；凡不及乙等之棉，一律拒收（按乙等棉系上级棉花）。后以霜来太早，社员所收之纯白棉花，尚不及以前估计收量三分之二，遂于白花收完之时，兼收霜花，并将所收霜花分为次白及红花两种。次白棉花仍分特、甲、乙三等。红花未分等次，但社员所选红花，成色较低者，即列为次红；此种棉花，所收数量甚少，故未评等级。

本会所收之各等纯白绵花，其差度甚微。以特乙相较，犹易办认；若以特甲或甲乙分别比较，其品级大致相埒，盖因其纯系脱里司美种棉，品质一律，色泽相等，不过轧工方面及织维之整齐度稍有不同耳。至所收次白棉花及红花，色泽方面，实有显著之差别，拉力亦逊于纯白棉花；惟与退化美棉相较，其优秀点尚多。

本会为收花便利起见，特于收花之前，规定棉花分等办法数条；兹照录如下：

△本社棉花分等办法

第一条　本办法参照全国棉业统制委员会棉花分级标准订定之。

第二条　本会所收棉花以脱里司美种棉为限。

第三条　本会为收花便利起见，得将所收之脱字美棉按其程度高低分为特、甲、乙三等如下：

一、特等：织维长度由一又八分之一寸，至一又四分之一寸，整齐率在百分之九十以上，水分不过百分之九，色泽精亮洁白，轧工整齐，并无草屑等夹杂物者。

二、甲等：织维长度在一又十六分之一以上，整齐率在百分之八十五至九十，水分在百分之十以下，色泽洁白、轧工整齐，并无夹杂物者。

三、乙等：织维长度在一寸以上，整齐率在百分之八十以上至八十五，水分在百分之十一以下，草片叶屑拣检稍差，但不超过千分之五，轧工欠整齐，颜色呆白者。

上列三等棉花，所出棉籽，特等粒大整齐，颜色纯白者；甲等粒大整齐，间有灰色者；乙等粒欠整齐，色灰，间有退化者。

第四条　凡送会棉花，其等级标准，不及乙等者，一律拒收。

第五条　本会收花定价，逐等增高；每高一等，皮棉百斤加价以一元为限，籽棉以三毛为限。

第六条　本会为鉴定棉花等级，比较优劣便利起见，特置备标本四盒，分存于孙家镇本会事务所，及花沟镇高洼庄，县城三办事处，以昭公允。

第七条　凡收纯白棉花，须依照本办法之规定；如收霜花时，得斟酌变更之。

第八条　本办法由会务委员会通过实行。

前项分等办法，不过为收花便利而设，对于棉花分级之鉴定，则完全由棉业统制委员会派来之巫茂材先生担任之。巫先生常川驻于会内，对所收棉花，逐一检验，并赴各办事处实行分级工作。分级后，在棉包上刷有分级盖印记号，以资识别。其各级棉花刷印之记号，规定如下：

棉花品级记号表

级别	优级	次优级	上级	次上级	中级	次中级
记号	金	日	木	月	金	人

棉丝长度分级记号表

长度	$1\frac{1}{4}$	$1\frac{3}{16}$	$1\frac{1}{8}$	$1\frac{1}{16}$	1 英寸	$\frac{15}{16}$
记号			梁	邹	美	棉

棉丝整齐率分级记号表

整齐率	等级	记号
90% 以上	上	天
80% 以上	中	地

分级员盖印记号

职名	姓名	盖印记号
分级员	巫茂材	茂

此外，并备有棉花分级报告单，将逐日鉴定之棉包刷盖记号后，照单填例；除将该单随时呈报棉业统制委员会外，并留本会一

份，以备存查。兹将单式列下：

页数　棉花分级报告单

棉花号数	等级	长度（英寸）	整齐度	分级盖印记号	备记

民国廿四年　　月　　日　　分级员巫茂材

分级工作，计三越月始竣事，共计分级棉花一千七百四十八包。将所收之纯白棉花定为两级，即次优级与上级是也。霜后之次日棉化，色泽渐有差别，列为次上级及中级。而红花为数寥寥，经鉴定为次中级云。

兹将分级结果，详为统计，列如下表：

品级 包数 长度	次优级	上级	次上级	中级	次中级	等外红棉	合计
$1\frac{1}{16}$	140	113	1	28	—	—	282
1 寸	22	1000	109	225	47	—	1403
$\frac{15}{16}$	19	—	7	22	—	15	63
总计	181	1113	117	275	47	15	1748

（三）定价

各社棉花，送入本会事务所，或本会所设之轧花厂及各办事处，皆由负责人员品评等级而定一较当地市价稍高之价格，以作棉花成本，故须预先规定妥当，以求其平。盖各社棉花，系集中会内合作运销，与花行之收买棉花，迥不相侔；惟定价之时，亦须参照市场上买卖之价格，方为合适。但此种合作运销之棉花，定价之时，实有一困难问题在；所谓困难问题者，即参照市场买卖之价格，亦难以使其平衡公允。因市场价格，涨落无定，有时一月以内，数易其价。社内棉花，断不能随收随卖，须放置相当时期，始能大量出售；在此期间，若以市价为准而变更其价格，不但违反平衡公允之原则，即结算账项时，亦必发生许多问题。

　　本会于开始收花之时，订有较市场上稍高之棉价，未及一月，棉价渐昂，初定之价，反较市价为低，欲行改定价格，俾与市价相等；但一因记账不便，二因有失公允，故仍照原价收账。迨所收棉花全部售妥后，始斟酌加成，作为肯定之价格。兹将收花时暂定价格与售花后肯定价格，分别列表如次：

△各社缴花定价表一（系开始收花时规定者）

种类 ＼ 等级／价格	特等（元）	甲等	乙等	备考
纯白皮棉	38.50	38.00	37.50	按市斤每百斤计算
纯白籽棉	12.50	12.30	12.10	
次白皮棉	36.50	34.00	30.00	
次白籽棉	10.00	9.70	9.50	
红皮棉	—	25.00	20.00	甲等者为红花，乙等者为次红花，此种花不收籽棉

△各社缴花定价表二（售花后规定者）

种类 \ 等级 价格	特等（元）	甲等	乙等	备考
纯白皮棉	42.35	41.80	41.25	照原定价加一成
纯白籽棉	13.75	13.53	13.31	照原定价加一成
次白皮棉	40.15	37.40	34.50	特甲两等照原定价加一成，乙等加一成五
次白籽棉	11.00	10.67	10.45	特甲两等照原定价加一成，乙等加一成五
红皮棉	—	28.75	23.00	照原定价加一成五

本表价格统按每百市斤计算，一百市斤折合棉花交易磅称八十二斤半

定价问题，颇多研究之点；综观前表，可知一二。同等之棉花，本应卖同等之价格，竟因收集迟早关系，即随市价涨落而异其价；是否合理，尚成问题，此应行研究者一也。社员对于缴花时之定价，甚为注意，最低限度须与当时市价相等；惟市价屡屡变更，难作标准，欲求公允，当何所据，此应行研究者二也。以市价为准，而屡更其价格，既欠公允，倘定价时与市价悬殊，不但缺乏根据，即社员方面，亦将疑窦丛生矣，此应行研究者三也。出售时之价格若昂，问题尚少，如果较定价为低，势必影响业务，此应行研究者四也。本年市场上棉花交易，价格方面，步步增进，故对于定价一层，尚未感觉若何困难。出售之后，仍照原定价格分别加成，将成本价格，达于当地后来市价之最高数，俾各社社员送会运销之棉花，得一平衡公允之价格。

兹为明了各地市场上棉花贸易价格变动情形，特摘要列表如下，以资参考。

△各地棉花贸易价格变动摘要表（以纯白美棉为准）

地名 时间 每担价格	二十三年十月			二十三年十一月			二十三年十二月			二十四年一月			平均价格	折合市斤 每担市价
	上旬(元)	中旬(元)	下旬(元)	上旬(元)	中旬(元)	下旬(元)	上旬(元)	中旬(元)	下旬(元)	上旬(元)	中旬(元)	下旬(元)		
上海	45.00	46.00	46.80	52.30	53.00	55.00	61.05	60.50	—	—	—	—	52.51	43.32
青岛	45.50	47.50	—	51.50	53.00	52.00	53.00	53.00	55.00	55.00	53.00	—	51.75	42.69
济南	44.25	45.00	—	47.50	51.00	52.50	50.25	50.00	51.00	—	49.00	—	48.95	40.38
张店	44.50	45.00	47.00	48.00	51.00	51.00	52.00	53.00	54.00	53.00	53.00	54.00	50.46	41.63
齐东	44.00	44.50	45.00	46.00	47.30	47.30	48.00	52.50	52.50	52.50	52.50	—	47.90	39.52
本地	44.00	44.50	45.00	46.00	47.00	47.50	48.00	50.50	52.00	51.00	51.00	51.00	48.08	39.67

附注：

1. 表内所列上海棉价，达六十余元者，系真宝花。
2. 齐东轧花厂收买之当地脱里司纯白籽花，每百市斤，由十二元一角至十二元七角，后增价为十四元；照籽花四百市斤，出皮花一担计，约合表列数目。
3. 本地棉市买卖籽花价格，与齐东大致相同，约合表列数目。系各处花商在本地设庄收买皮花之价。
4. 二十四年一月间因都市银根吃紧之故，棉花交易颇受影响。
5. 各地棉花品质不同，故价格颇参差。

戊　加工

加工者，即将所收之社员籽棉，用机轧去棉籽，打成棉包，并于包上加盖一定之标识，以便运销是也。其手续大别为二。

（一）轧花

籽棉之预计——照各社社员棉花收量之估计共为一百八十万斤。

轧花机之设备——本会动力轧花厂设有轧花机十部，高洼庄动力轧花厂设有轧花机十五部，城区办事处设有人力轧花机三部，各村社新置人力轧花机一百二十三部，旧有五十部；共一百七十三部。

轧花期间之规定——自二十三年十月二十日起，至十二月二十日止。

轧花数量之分配——动力轧花机一部，每日可轧籽棉三百斤，人力轧花机一部每日可轧籽棉一百三十斤，预计两个月可轧完竣。兹将当时分配情形，列表如下：

轧花地点	设备情形		分配籽花斤数	备考
	种类	机数		
孙家镇本会	动力轧花机	10	180000	每日可轧籽花三千斤两个月轧完
高洼庄办事处	动力轧花机	15	270000	每日可轧籽花四千斤两个月轧完
城区办事处	人力轧花机	3	23400	每日可轧籽花三百九十斤两个月轧完
各村社	人力轧花机	173	1349400	每日可轧籽花二万二千四百九十斤两个月轧完
共计		201	1822800	

△与高洼庄轧花厂订立合同

本会为便利集中轧花及减轻成本起见，规定第八九等乡之各社籽棉，统交高洼、仓禀、柴家各村社社员在高洼村合组之福利轧花厂代轧，工资照普通人力工资数目七成支付。于本年九月一日与该厂经理等商洽妥当；并订立合同如下：

立合同：梁邹美棉运销合作社联合会（下称联合会）、福利轧花厂（下称轧花厂）兹因联合会各村社社员之籽棉，有一部分交由轧花厂代轧，双方议定条件如下：

一、联合会须负责派员催缴各社籽棉，交由轧花厂代轧。

二、轧花厂代轧籽棉，由联合会随时付给工资。其工资数目，按照普通人力工价七成支付；例如普通人力工资每百斤价洋四角，则此项工资只支付二角八分。

三、轧花厂对于联合会社员交轧之籽棉，须放置适当之室内；轧成后，由联合会办事处将花衣随时打包，以便起运。

四、轧花厂对于棉种，须保持纯净，不准羼杂。

五、轧花厂须设于联合会办事处附近，以便评定各社籽棉。

六、轧花厂须优先承轧各社籽棉。

七、二十三年十月一日至十一月底为联合会各社籽棉轧榨运销时期；在此期间，轧花厂不得兼轧其他棉花。但联合会对于交轧籽棉不足供给时，得商酌允许轧花厂经营他业，以免停止。

八、本合同暂以一年为限，自二十三年九月一日起至二十四年八月三十一日止；期满后，经双方同意，得延长或续订之。

九、本合同订立后，由双方共同遵守；计缮两份，各执为凭。

梁邹美棉运销合作社联合会主席孙子愿（印）

福利轧花厂经理孙子愿（印）、协理王毓荚（印）

中证人于伯良印

中华民国二十三年九月　　　日

觅雇本会轧花厂工人——孙家镇动力轧花厂，系由本会直接管理，特于开始轧花之前，觅定轧花工人十六名，专管打花、守车等工作，每人每日给饭费一角五分，工资另按轧出籽棉之多寡支付，每百斤轧花，付与工资洋一角。每日工作九小时，晚间则齐到孙家镇村学成人夜班上课。时间规定两小时（自七点三十分至九点三十分），除报告时事及谈话外，并教以识字、珠算、植棉，及合作等课。由村学教员及本会职员轮流讲解。

（二）包装

设置打包机——本会事务所轧花厂，花沟办事处，高洼办事处，城区办事处，各置打包机一架。

觅雇打包工人——觅妥工人十名，专管本会及各办事处打包工作，该工人共分两组，每组五人，一日能打棉包三十个，每包工资洋一角二分。

定购包布绳——定购包布三百疋，每匹价目，二元二角者三分之一，二元一角者三分之二，包布之宽度二尺六寸，长一百零四尺，每布一匹足敷六个棉包之用。定购包绳二千副，每副价洋一角四分。

刷盖标识——棉包打成时，特将制备之铅皮字刷于包之两端，一盖本会会名及钟形“合作”字样，一盖“脱里司美种棉”字样及分级之代表字。

编印号码——各处打成之棉包，随时编号，用制备之阿拉伯数字，刷于包上。兹将各处规定起讫之号数列下：

孙家镇本会及轧花厂1——1500

花沟镇办事处1501——2000

高洼庄办事处2001——2900

域区办事处2901——3000

包装完竣时，即行过秤，并将重量标于包上，存放仓库内，以便运销。

己　售花

（一）第一批棉包售卖情形

本会所收棉花截至十一月底止，已打成六百余包。各处棉商，纷纷来会接洽，青岛华新纱厂与济南中棉公司亦派人来会接洽购花事宜；十一月间，接洽数次，只以价格关系，未即成交。延至是月月底，华新方面，出到价格为五十六元；中棉公司亦由济南来电高价订购，嘱勿他卖。当由本会主席孙子愿与华新纱厂营业主任吴希如于十二月一日赴青岛作最后之商谈；非仅为售卖棉包，并含有贯彻直接合作运销之重要意义也。在华新纱厂逗留数日，与常务董事周志俊经理吴伯生两先生等商谈本社棉花产销情形及此次售花事宜。商定结果，每石价格五十六元九角；原拟数量为七百包，但以中棉公司，一再叮咛之故，允暂售一百四十包。当由双方订立合同如下：

立合同：梁邹美棉运销合作社联合会（下称甲方）、青岛华新纺织有限公司（下称乙方）兹因双方共谋实现产销合作起见，特由甲方社员所产脱里司甲等全白美种棉之一部交由乙方承受作纺绩上实验之用。双方订立合同，协议条件如下：

一、数量：暂定为一车（即 140 包）。

二、计重：按七十五磅秤计算，每百磅斤为一石。

三、运交地点：运交乙方工厂或运交乙方济南办事处。

四、价格：运交工厂每石作价 56.90 元，运交济南每石 56.40 元。

五、水分：以含水一百分之十为标准，倘不满或超过标准时，应照价格增减之；但增减在半个以内，彼此免计。

六、运交期间：本年十二月内。

七、付款地点：磅收后由乙方交济南中国银行，收单交由甲方收存。

八、棉样：先由双方检取少许棉花封存签字以作标准。

九、附则：（A）乙方将此棉实验纺绩后，得将实验结果开明函知甲方，俾资研究。（B）甲方出售脱字棉时，乙方有出价商洽收买之优先权；但他方递价高于乙方所递之价时，甲方得另售之。（C）本合同于十一月三十日由双方代表商酌拟定。（D）本合同计缮两份，由双方主管人员签字盖章各执一份，以资遵守。

梁邹美棉运销合作社联合会主席孙子愿（印）

青岛华新纺织有限公司营业主任吴希如（印）

中华民国廿三年　　　月　　　日

正与华新方面商洽期间，济南中棉公司又函致本会订购此批棉包，每石价格为 56.80 元，数目愈多愈好，并派齐东轧花厂主任刘羡青君前来本会接洽；结果，允售五百包。当于十二月七日由双方签订买卖定单。兹将其订货回单列下如下页。

此批棉花订妥后，乃觅雇大车船支预备分别运交。售于中棉公司之棉包，系由本会先用大车运至小清河码头，改装船支运往济南转交；售于华新纱厂者，则雇用大车运至周村转胶济车直达青岛沧口之华新纱厂内。若不因故，中途停搁，只需五六日，即可分别到达；故运输方面，尚称便利。

第一批棉花六百四十包，已于十二月内分别运妥；经买主过磅后，随即将价款付清。计青岛华新纱厂磅收重量为二百一十九担三十三斤，价款总计一万二千四百七十九元八角八分。济南中棉公司磅收重量为七百七十二担七十五斤，价款总计四万三千八百九十二元二角。除将该项棉价清还济南中国银行第一次美棉借款本息外，所余之数，仍存中行备还第二次借款。

（二）第二批棉花售卖情形

第一批棉包运销刚完，二批棉花又积有成数。各埠花商，对于本会棉花之售销，极为注意，函电频来，均以未得购到为憾。有派专人屡到会内接洽收买现存棉花者，有转托当地人士要求订购期花

定货回单

今买妥

梁邹美棉运销合作社联合会花衣一宗,其种类价格数量等详列于后。至花衣成色当时验明以花样为标准,定单妥后,无论市价涨落,均须依约办理,不得稍有违异。

买主经手人　中棉公司刘志曾(印)
　　　　署名　　盖章

计开　(买卖之货均照除绳皮净数计算)

种类	脱力斯纯白皮花
数量　榨包	五百包
水份	—
牌号	梁邹美棉运销合作社联合会
价格　磅称百斤	五十六元八角
交货地点	济南中棉公司
标记	红色钟形"合作"标记
期限	两星期内
附记	—

中华民国廿三年十二月七日

附注　货交清后,此单如不缴还,作废

印花税票

花票

定货回单

今买妥

梁邹美棉运销合作社联合会合花衣一宗,其种类价格数量等详列于后。至花衣成色,当时验明以花样为准,定单批妥后,无论市价涨落,均须依约办理,不得稍有违异。

买主经手人　署名　　中棉公司刘志曾(印)

　　　　　　　　　盖章

计开　(买卖之货均照除绳皮净数计算)

种类	脱力斯纯白棉	牌号	梁邹美棉运销合作社联合会	标记	红色钟形"合作"标记
数量　榨包	六百五十余包	价格　磅称百斤	五十六元八角	期限	十天
水份	——	交货地点	济南中棉公司	附记	——

中华民国廿四年一月十一日

附注　货交清后,此单如不缴还,作废

印花税票

者，更有函询何时出售即照最高价格购买者，而中棉公司方面，则屡屡对本会表明诚意协作之主旨，希望在棉花交易方面，始终合作一致；盖过去两年，实对本社有相当关系也。以是之故，本会第二批棉花，仍照原价全部售于中棉公司。于廿四年一月十一日双方签订买卖定单；兹将其回单照录如上页图。

此批棉花订妥后，仍雇大车船支运至济南。计船五支，共装六百四十七包，经中棉公司磅收净重为一千零二十五担七十八斤，合计价款洋五万八千二百六十四元三角；该款迟至一月廿九日始由中棉公司兑交中国银行备还第二次借款。

（三）　第三批棉花售卖情形

本会所收纯白棉花，业已售竣；惟所收霜花，尚未出售。其他花商，以未购到本会纯白棉花，未免失望，故不得不作进一步之接洽，以求购到本会之霜棉。是时中棉方面，嘱将此项棉花全部运济代销；委因各社极待结算，运济代销，势必至多需时日，又以雨雪载途，装运维艰，遂趁此机会，就地售卖。当有济南复成信在孙家镇之办花处，与张店德丰花栈等，分别派人到会出价争购；结果，各以全部之半售与之，盖免其彼此发生争执也。此批霜花，共计四百五十四包，品级不同，价格亦异；次上级霜花每石价格五四·五〇元，中级花五一·五〇元，次中级四六·〇〇元，等外红花三六·〇〇元，均系当地交货。尚有纯白棉花七包亦卖于德丰花栈。计复成信共购各等棉花二百三十七包，总计价款洋一万九千二百四十五元二角；德丰花栈共购各等棉花二百二十四包，总计价款一万七千九百〇六元九角。该次棉价，亦大部分拨交济南中国银行，还清第二次美棉借款。

（四）　本年售花顺利之因

本年售花，颇为顺利：一因大局安定，各市场之棉花贸易，日有起色；二因本会棉产，品质优良，虽出高价，亦欲争购。兹将本年售销之全部棉花，列如下表：

本会棉花售销数额一览表

购主	棉花种类	包数	重量（担斤）	价格		运交地点
				每石（元角分）	合计（元角分）	
青岛华新纺织有限公司	脱里司甲种纯白美	140	219.33	56.90	12479.88	青岛沧口
济南中棉公司	脱里司纯白美棉	500	772.75	56.80	43892.20	济南商埠
	同上	647	1025.78	56.80	58264.30	济南商埠
济南复成信记	次上级脱里司次白皮棉	60	94.875	5450	5170.68	孙家镇本会
	中级脱里司次白皮棉	140	222.665	51.50	11467.24	同上
	次中级脱里司次白皮棉	37	56.68	46.00	2607.28	同上
张店德丰花栈	脱里司纯白美棉	7	11.745	56.50	663.59	同上
	次上级脱里司次白皮棉	57	89.635	54.50	4885.10	同上
	中级脱里司次白皮棉	135	210.295	51.50	10830.19	同上
	次中级脱里司次白皮棉	10	15.48	46.00	712.08	同上
	等外红脱里司棉	15	22.66	36.00	815.94	同上
总计		1748	2741.895		151788.48	

庚　兼营购买

（一）联合购买轧花机车

各社以社员多无轧花机车，又因社内棉花收量之估计，较去年增加数倍，觅工代轧，既费工资，又感不便；故当时各社社长多有到会商议购买轧花车者。各乡负责指导人员应事实之需要，复劝导社员自行购买轧花机，以资应用。县政府方面又添设合作轧花贷款，无息贷与购买轧花机车之社员；各社社员有此贷款之接济，纷纷向社内报名购机。除八九十各乡之村社另借动力轧花机集中轧花外；其余各社社员购轧花机者已有一百余人。又因自己零买，需费较昂，不如联合向工厂直接大批订购价格低廉，特由各村社请求联合会设法购办。兹将各社购买轧花机请求单式附载于次：

△ 各社购买轧花机请求单

社员姓名	请购何种轧花机	预缴款数	备考

前列社员，愿请　　贵会代购轧花机　　部计预缴上现洋　　　元，（有余请还，不足再缴　　即希……代购为荷！

　　此上

梁邹美棉运销合作社联合会

村美棉运销合作社社长

中华民国　　　　年　　　　月　　　　日

　　至九月十日止，联合会接到是项请求单四十五件，统计请求购买轧花机社员一百二十三人，每人各购一部，每部预缴价款洋三十元，经联合会会务委员会议议决，公推陈镜人、李晓峰携款前往天津郭天成购买，转运到县，按名分发。兹将各社社员请求购买轧花机数目种类，列表如下：

△ 各社社员购买轧花机一览表

社名	社员姓名	购买机数	带钢球机	不带钢球机	备考
王家村社	王曰瑞	1	1	—	
	王传岳	1	1	—	
	程光茂	1	1	—	

社名	社员姓名	购买机数	带钢球机	不带钢球机	备考
南范村社	李执亭	1	1	—	
	李庶信	1	1	—	
逯家村社	张伯良	1	—	1	
	刘嗣疆	1	—	1	
	张泽普	1	—	1	
宋家村社	张思发	1	—	1	
	张永康	1	—	1	
	祖振茂	1	—	1	
韩家店村社	孙广智	1	1	—	
	韩俊三	1	1	—	
小王村坨社	程继堂	1	—	1	
	王洛亭	1	—	1	
	王复道	1	—	1	
	王复瀛	1	—	1	
	程振声	1	—	1	
冯家村社	赵克屏	1	1	—	
	冯汝能	1	1	—	
九成村社	成珍九	1	—	1	
	成冠荣	1	—	1	
	成冠峰	1	—	1	
	成兆文	1	—	1	
	成立平	1	—	1	
安刘村社	苗恒昌	1	1	—	
于林村社	李贵显	1	1	—	
岳家村社	岳思九	1	—	1	
	岳和远	1	—	1	
	岳焕章	1	—	1	

社名	社员姓名	购买机数	带钢球机	不带钢球机	备考
	岳思恭	1	—	1	
龙桑树村社	柴启禄	1	—	1	
霍家村社	王在沣	1	1	—	
	霍淑听	1	—	1	
	王志亮	1	—	1	
	王志学	1	—	1	
	霍淑滨	1	—	1	
	夏树森	1	—	1	
大陈村社	张式三	1	—	1	
	陈秀岚	1	—	1	
	信遵俭	1	—	1	
辉李村社	李北辰	1	—	1	
	李英长	1	—	1	
	李明长	1	—	1	
信家村社	张安玉	1	—	1	
	张韶亭	1	—	1	
赵家村社	张义田	1	—	1	
	张爱吾	1	1	—	
	张效宗	1	1	—	
天师村社	王毓芝	1	1	—	
李兴耀村社	李瑞玎	1	—	1	
	李晓峰	1	—	1	
	李玉成	1	—	1	
周家村社	董元泽	1	—	1	
	崔凤阁	1	—	1	
	郭成荣	1	—	1	
	郭俊杰	1	—	1	

社名	社员姓名	购买机数	带钢球机	不带钢球机	备考
	许宗申	1	—	1	
孙家镇社	马文齐	1	1	—	
	李继荣	1	1	—	
	张思丰	1	1	—	
	李善孝	1	1	—	
	马梓乡	1	1	—	
	周汝泰	1	1	—	
	孙奎秀	1	1	—	
前陈村社	高云青	1	1	—	
	高宗耀	1	—	1	
贾寨村社	刘振祥	1	1	—	
	王茂泰	1	1	—	
车郭村社	刘光友	1	1	—	
	刘光汉	1	1	—	
	刘清和	1	1	—	
	刘振林	1	1	—	
沟王村社	王世斌	1	1	—	
龙虎村社	刘凤章	1	—	1	
	刘元龙	1	—	1	
	刘作华	1	—	1	
吉祥村社	孙传宝	1	1	—	
张家村社	张凤岗	1	—	1	
	王景云	1	—	1	
	窦承绪	1	—	1	
高旺村社	高金台	1	1	—	
	高汉俊	1	1	—	
魏家村社	王景珍	1	1	—	

社名	社员姓名	购买机数	带钢球机	不带钢球机	备考
	王佩凤	1	—	1	
李家官村社	李景南	1	—	1	
	刘景由	1	—	1	
孙坊村社	孙守哲	1	1	—	
蔡家村社	蔡守道	1	—	1	
	蔡守谦	1	—	1	
	李振信	1	—	1	
	蔡志超	1	—	1	
	李廷诰	1	—	1	
	蔡会营	1	—	1	
	蔡志德	1	—	1	
	蔡传宾	1	—	1	
花沟镇社	王殿训	1	—	1	
	孔繁元	1	—	1	
	毛元盛	1	—	1	
双柳树村社	贾福远	1	1	—	
吕家村社	吕树典	1	—	1	
	吕树棠	1	—	1	
	吕景山	1	—	1	
	吕景章	1	—	1	
波蹚店村社	景茂德	1	—	1	
	夏尔明	1	—	1	
	夏一让	1	—	1	
东言礼村社	李道奎	1	1	—	
穆王村社	李嘉桢	1	—	1	
	孟昭琦	1	—	1	
	张志起	1	—	1	

社名	社员姓名	购买机数	带钢球机	不带钢球机	备考
宫旺村社	宫继文	1	—	1	
甲子村社	董学仁	1	1	—	
魏家村社	张玉卿	1	—	1	
	王茂申	1	—	1	
	李守经	1	—	1	
张家套村社	王秀云	1	1	—	
	张遵让	1	1	—	
大王坨村社	李官文	1	1	—	
	王佩兰	1	1	—	
玉章村社	李士忠	1	—	1	
韩家坊社	颜振珂	1	1	—	
韦家村社	孙润生	1	1	—	
总计	123 人	123 部	44	79	

时隔半月，该项轧花机已全数运到，皆系不带钢球机车；因往购之时，郭天成号谓钢球机车，系初次发明试用，恐不耐久，故未购买。所购之此种机车，实为本地棉农惯用者，每部价格二十二元七角（零购至少须二十四元），连同车船运输费用及旅费杂费，每部合价二十六元五角（另购百二十三元应用之零件，亦搭配在内）。

分配时，本会则照二十七元作价，并将余款分别退还，计每人应领余款洋三元。盖零买此种轧花机车，每部须三十元（当地多有卖者）；大批运购，需价较廉，人人知之，是亦见出合作之利益矣。

年度结算

甲　结算正表

（一）贷借对照表　民国二十四年一月卅一）

负债		科目	资产	
525	00	会股		
3293	10	透支往来存款		
3000	00	借入轧花贷款		
691	49	应付未付花价		
15	75	股息		
237	85	公积金		
83	24	公益金		
218	23	前期滚存		
19419	95	本期纯益		
		存放银行	407	20
		银行往来	2597	17
		暂记欠款	351	82
		应收未收放款	1063	78

续表

负债		科目	资产	
		轧花放款	2880	00
		应收账款	67	76
		存货	8682	53
		机器	213	00
		家具	73	54
		现金	11127	74
		存放银行息	20	07
27484	61	合计	27484	61

（二）损益表（民国二十四年一月三十一日）

损失数目		科目	利益数目	
1337	39	营业开支		
728	38	轧花费		
1126	94	打包费		
887	73	运输费		
142	00	机器摊提		
72	85	家具摊提		
15	75	会股利息		
		棉花	20182	17
		棉种	1374	64

续表

损失数目		科目	利益数目	
		利息	1983	20
		兼营购买	175	48
		杂项收益	15	50
19419	85	本届纯益		
23730	99	合计	23730	99

（三）财产目录（民国廿四年一月卅日）

财产种类	会计科目	摘要	原价		估值		附注
积极财产	机器	新购人力打包木机3架旧有一架共4架	355	00	213	00	本届按40%摊提洋142元
	家具	苇席105张市称八杆打花车5架铁木柜各一暨风门凳子等日常用具	148	39	73	54	本届摊提折旧费洋72.85
	存货	棉种179800斤	3367	00	3367	00	特等13000斤每百斤按20元，甲等157000按19元，红种9800按10元估价
	存货	轧花车零件	100	00			

财产种类	会计科目	摘要	原价	估值		附注
未收放款		霍家坡社 67.03元，时家社 110.21 元，东言礼社 100.22 元，韩家店社 52.49 元，窝村社 303.18 元，惠新村社 335.03 元，南郑社 95.62 元	1063	78		
应收账款		棉种尾欠		67	76	
存放银行		特种活期廿三年四月四日存济南中国银行周息五厘		407	20	存折二三八二号
银行往来		中棉公司花价拨付清偿借款本息余额 6591.17 除提取 4000 元外余暂存		2597	17	
存放银行息		本金 407.20 元九个月另二十六天息		20	07	
轧花放款		福利轧花厂 400元各会员社共 2480 元无息		2880	00	

财产种类	会计科目	摘要	原价	估值		附注
	现金			16695	09	预付会员余利10392.94元,棉种借支5215.53元,库存1086.62元
	总额			27484	61	
消极财产	会股	计一百另五股		525	00	
	股息	周息六厘自缴股之日起至结算之日止计期五个月		15	75	
	透支借款	邹平农村金融流通处内三千借款月息八厘透支往来 293.10 元无息		3293	10	
	未付花价	研究院农场		691	49	
	公积金	上届提存		237	85	
	公益金	上届提存		83	24	
	滚存金	上届盈余处分余额		218	23	
	借入轧花贷款	由邹平县政府借来无息		3000	00	
	本届纯益			19419	95	
	总额			27484	61	

（四）盈余分配表

盈余数额		科目	分配数额	
		收入之部		
19419	85	本届纯益		
		支付之部		
		公积金	3174	26
		公益金	1587	13
		职员酬劳金	793	65
		返还余利	10392	94
		特别公积金	2496	97
		村社职员奖金	975	00
19419	85	合计	19419	85

（说明）

一、本届纯益除棉花运销纯益一万五千八百七十一元一角三分依照章程分配外余均提充特别公积金

二、村社职员奖金经会务委员会议决由利息收益项下提支

三、棉花运销纯益除照章提存公积金公益金酬劳金外下余一零三一六点零九元接委销额十三万四千九百七十三元二角九分平均每百元返还七元七角不足七十六元八角五分由利息收益项下提补。

乙　结算副表

（一）本社缴花计价清表

社名	棉类	特等白棉 斤重(斤)	特等白棉 合洋(元)	甲等白棉 斤重(斤)	甲等白棉 合洋(元)	乙等白棉 斤重(斤)	乙等白棉 合洋(元)	特等次白 斤重(斤)	特等次白 合洋(元)	甲等次白 斤重(斤)	甲等次白 合洋(元)	乙等次白 斤重(斤)	乙等次白 合洋(元)	红花 斤重(斤)	红花 合洋(元)	次红 斤重(斤)	次红 合洋(元)	价值总额(元)
霍家坡村社	皮棉			326.0	136.27	1742.0	718.56			1435.5	536.87	338.0	116.61	163.0	46.86	569.5	130.98	1722.47
霍家坡村社	籽花			268.5	36.32													
安刘村社	皮棉			7070.0	2955.26	3146.5	1297.90			316.0	118.18	308.0	106.26	44.5	12.79			5290.95
安刘村社	籽花																	
孟家坊村社	皮棉					1033.0	426.10			39.5	14.77	394.5	136.10	104.5	30.04			981.24
孟家坊村社	籽花			2766.0	374.23													
大陈村社	皮棉	277.0	27.29	1324.0	553.43	1590.5	656.05	448.0	179.86	343.0	128.28	685.0	236.32	412.5	118.58	160.5	36.91	2267.21
大陈村社	籽花	929.0	127.73	744.0	100.65	91.0	12.11											
波疃店村社	皮棉			1695.5	708.72			157.5	63.23	106.0	39.64							811.59
波疃店村社	籽花																	
范家村社	皮棉																	
范家村社	籽花	276.5	38.02	932.0	126.08					414.0	44.40							208.50

续表

社名 棉类		特等白棉		甲等白棉		乙等白棉		特等次白		甲等次白		乙等次白		红花		次红		价值总额（元）
		斤重（斤）	合洋（元）	斤重（斤）	合洋（元）	斤重（斤）	合洋（元）	斤重（斤）	合洋（元）	斤重（斤）	合洋（元）	斤重（斤）	合洋（元）	斤重（斤）	合洋（元）	斤重（斤）	合洋（元）	
龙桑树村社	皮棉			826.0	111.75	1209.5	160.97					107.5	37.08	115.0	33.06	35.5	8.16	351.02
	籽花																	
孙家镇村社	皮	2364.0	1001.12	3526.0	1473.87	2418.5	997.61	85.0	34.12	1882.0	703.87	264.0	91.08	90.0	25.87			4531.09
	籽	898.0	123.46	449.0	60.73	145.5	19.36											
长怀村社	皮			3001.0	406.03							194.5	67.10					627.56
	籽			652.5	86.83							647.0	67.10					
辉李村社	皮			3618.0	1512.32	556.5	229.55	556.0	223.23	788.5	294.89	126.5	43.64					2303.63
	籽																	
孔家村社	皮	2005.0	275.69									452.0	47.23					354.78
	籽			235.5	31.86													
冯家村社	皮			471.0	196.88	127.5	52.59	221.0	88.73	674.0	252.08	190.5	65.72	246.5	70.86			1868.70
	籽	86.0	11.82	6181.0	836.23	2207.5	293.79											

项别／棉类 社名	皮籽	特等白棉 斤重(斤)	特等白棉 合洋(元)	甲等白棉 斤重(斤)	甲等白棉 合洋(元)	乙等白棉 斤重(斤)	乙等白棉 合洋(元)	特等次白 斤重(斤)	特等次白 合洋(元)	甲等次白 斤重(斤)	甲等次白 合洋(元)	乙等次白 斤重(斤)	乙等次白 合洋(元)	红花 斤重(斤)	红花 合洋(元)	次红 斤重(斤)	次红 合洋(元)	价值总额(元)
党里村社	皮	1394.0	191.67			1840	75.90	95.5	38.33	470.5	175.96	223.5	77.11	323.0	92.85			670.89
	籽			141.0	19.07													
郑曹村社	皮					488.0	64.94	71.0	28.50	41.0	15.33	18.0	6.21					114.98
	籽																	
宋家村社	皮			759.5	317.47	1201.5	495.60	85.5	24.32	181.0	67.69	278.5	96.08	37.0	10.64			1021.80
	籽																	
小三户村社	皮			1186.0	173.99	129.5	17.22	40.0	16.06	448.5	167.74	1071.5	369.67	379.5	109.10			1089.10
	籽																	
官庄村社	皮			765.0	103.50													103.50
	籽																	
赵家村社	皮					511.5	210.98	162.5	65.23	141.0	52.73			84.5	24.29	99.5	22.88	376.11
	籽																	

续表

社名	皮/籽	特等白棉 斤重(斤)	特等白棉 合洋(元)	甲等白棉 斤重(斤)	甲等白棉 合洋(元)	乙等白棉 斤重(斤)	乙等白棉 合洋(元)	特等次白 斤重(斤)	特等次白 合洋(元)	甲等次白 斤重(斤)	甲等次白 合洋(元)	乙等次白 斤重(斤)	乙等次白 合洋(元)	红花 斤重(斤)	红花 合洋(元)	次红 斤重(斤)	次红 合洋(元)	价值总额(元)
邱家村社	皮			447.5	60.54	151.0	20.10											80.64
	籽																	
刘家村社	皮	820.0	114.12	1929.5	261.05	284.0	1170.14	118.5	47.57	152.0	56.85					101.0	23.23	631.87
	籽																	
蔡家村社	皮	691.5	292.83	1846.5	771.84	89.5	11.91	936.0	375.78	1103.0	282.52	384.0	132.48	369.5	106.22	145.0	33.35	6334.02
	籽	10936.0	1503.64	5147.0	696.35	200.5	26.68					118.0	12.33					
昌家村社	皮	70.5	29.85	2784.0	1163.71	1752.0	722.64	68.0	2739	869.0	325.01	1499.5	517.33	304.0	87.39	240.5	55.31	2178.60
	籽																	
周家村社	皮	89.0	37.67	839.5	350.91	46.0	18.97			611.0	228.51	560.5	193.37	490.0	140.86	180.0	41.40	1742.68
	籽									74.0	27.68	67.0	23.11					
郭家村社	皮			28.0	11.70													1419.24
	籽			6063.0	820.32	1550.5	206.35					2977.5	311.13					

续表

社名	项别 棉类名	特等白棉 斤重(斤)	特等白棉 合洋(元)	甲等白棉 斤重(斤)	甲等白棉 合洋(元)	乙等白棉 斤重(斤)	乙等白棉 合洋(元)	特等次白 斤重(斤)	特等次白 合洋(元)	甲等次白 斤重(斤)	甲等次白 合洋(元)	乙等次白 斤重(斤)	乙等次白 合洋(元)	红花 斤重(斤)	红花 合洋(元)	次红 斤重(斤)	次红 合洋(元)	价值总额(元)
堰镇村社	皮					714.0	294.52	423.0	169.83	484.5	181.20	109.5	37.78	198.0	56.92	109.5	25.18	1711.34
	籽			4604.0	622.90	2427.0	33.0											
大王圪垯村社	皮			2465.0	1030.37											569.0	130.87	1161.24
	籽																	
道民村社	皮			3227.5	1349.09	1632.0	673.17	793.5	318.58	2876.5	1075.81	530.0	182.85	410.0	117.86	57.5	13.22	3730.58
	籽																	
刁家村社	皮																	303.81
	籽			2245.5	303.81													
张家村社	皮			88.0	36.78	140.5	57.95	74.5	29.91			34.5	11.90					2561.28
	籽	568.0	78.10	6890.0	93.2	2548.0	1403.91					100.5	10.49					
张家套村社	皮					125.5		302.5	21.45			88.5	30.53					658.31
	籽																	

续表

社名		特等白棉		甲等白棉		乙等白棉		特等次白		甲等次白		乙等次白		红花		次红		价值总额(元)
		斤重(斤)	合洋(元)	斤重(斤)	合洋(元)	斤重(斤)	合洋(元)	斤重(斤)	合洋(元)	斤重(斤)	合洋(元)	斤重(斤)	合洋(元)	斤重(斤)	合洋(元)	斤重(斤)	合洋(元)	
高家村社	皮	1636.0	224.94	103.5	43.26	158.5	65.37	59.5	23.88	1006.0	376.24	1844.0	636.18	286.0	82.21			1629.47
	籽			1176.5	159.16	137.0	8.23											
王伍村社	皮			6014.5	2514.5	118.5	48.87	649.5	260.77	751.0	280.87	3344.5	1153.85	210.5	60.51			4458.44
	籽			744.0	100.66	292.0	38.86											
王庄村社	皮			580.5	242.65	338.0	139.41	150.0	60.22			67.5	23.29					465.57
	籽																	
玉章村社	皮			91.0	38.04	797.0	228.75	86.5	34.73			135.5	46.75	21.0	6.03			454.30
	籽																	
成家村社	皮			9012.5	3767.22	3720.0	1534.48	882.0	354.11	542.0	202.71	97.0	33.46	226.5	65.11			5957.09
	籽																	
信家村社	皮	3005.5	1272.79	1929.0	806.32	549.5	226.65	3104.5	1246.40	2051.0	767.07	397.0	236.96	525.5	151.07	467.0	107.41	4714.67
	籽																	

续表

项别 棉类 社名		特等白棉		甲等白棉		乙等白棉		特等次白		甲等次白		乙等次白		红花		次红		价值 总额 （元）
		斤重（斤）	合洋（元）	斤重（斤）	合洋（元）	斤重（斤）	合洋（元）	斤重（斤）	合洋（元）	斤重（斤）	合洋（元）	斤重（斤）	合洋（元）	斤重（斤）	合洋（元）	斤重（斤）	合洋（元）	
时家村社	皮	1002.5	419.04			2176.5	897.76	1586.0	636.76	212.5	79.47	1151.0	397.09	565.0	162.43			2592.55
	籽																	
位家村社	皮					766.0	315.96											315.96
	籽																	
小王驼村社	皮			321.0	134.18	617.5	254.70			113.0	42.26	42.26	42.26					668.46
	籽			1432.5	193.81	327.0	43.51											
前陈村社	皮			178.5	74.61	1481.0	610.90	52.0	20.88	893.5	334.17	483.5	166.81	27.0	7.76			1215.13
	籽																	
西南四村社	皮			44.5	18.60					365.5	136.70			29.0	8.34			286.29
	籽			703.0	95.11	2070	27.54											
水王村社	皮			839.5	350.91			704.5	282.85					112.5	32.34			666.10
	籽																	

续表

社名	棉类	特等白棉 斤重(斤)	特等白棉 合洋(元)	甲等白棉 斤重(斤)	甲等白棉 合洋(元)	乙等白棉 斤重(斤)	乙等白棉 合洋(元)	特等次白 斤重(斤)	特等次白 合洋(元)	甲等次白 斤重(斤)	甲等次白 合洋(元)	乙等次白 斤重(斤)	乙等次白 合洋(元)	红花 斤重(斤)	红花 合洋(元)	次红 斤重(斤)	次红 合洋(元)	价值总额(元)
甲子村社	皮			870.5	363.87			115.0	46.17									410.04
	籽																	
曹家小庄村社	皮																	
	籽					1327.5	176.69											176.69
耿家村社	皮			91.0	38.04	11.5	4.74	300.0	120.44	273.5	102.29	196.5	67.69	53.5	15.37			348.67
	籽																	
姚家村社	皮							378.5	151.96			101.0	34.84					186.80
	籽																	
释家套村社	皮			106.0	44.31			106.5	42.75					111.5	32.05			119.11
	籽																	
车郭村社	皮			664.0	277.55					208.5	77.98	455.0	156.97					512.50
	籽																	

续表

社名	项别	特等白棉 斤重(斤)	特等白棉 合洋(元)	甲等白棉 斤重(斤)	甲等白棉 合洋(元)	乙等白棉 斤重(斤)	乙等白棉 合洋(元)	特等次白 斤重(斤)	特等次白 合洋(元)	甲等次白 斤重(斤)	甲等次白 合洋(元)	乙等次白 斤重(斤)	乙等次白 合洋(元)	红花 斤重(斤)	红花 合洋(元)	次红 斤重(斤)	次红 合洋(元)	价值总额(元)
东言礼村社	皮	186.0	78.78			281.0	115.91	397.0	159.39			166.0	57.27					411.35
	籽																	
韩家店村社	皮					833.0	343.61	470.5	188.90									532.51
	籽棉																	
杨村村社	皮					1348.0	179.41											179.41
	籽																	
王家村社	皮					357.5	147.45	26.0	10.44	33.5	12.53	288.0	99.36					459.76
	籽			1233.5	166.89							221.0	23.09					
五户村社	皮					631.5	260.49											260.49
	籽																	
大李村社	皮																	72.04
	籽			532.5	72.04													

续表

社名	棉类	特等白棉 斤重(斤)	特等白棉 合洋(元)	甲等白棉 斤重(斤)	甲等白棉 合洋(元)	乙等白棉 斤重(斤)	乙等白棉 合洋(元)	特等次白 斤重(斤)	特等次白 合洋(元)	甲等次白 斤重(斤)	甲等次白 合洋(元)	乙等次白 斤重(斤)	乙等次白 合洋(元)	红花 斤重(斤)	红花 合洋(元)	次红 斤重(斤)	次红 合洋(元)	价值总额(元)
麇仓村社	皮																	150.45
	籽			1112.0	150.45													
合计	皮	6683.5	2830.33	51917.0	21701.27	31715.0	13081.93	15700.0	6303.23	24486.5	9157.90	16200.0	5588.95	5939.5	1707.41	2734.5	628.90	74352.55
	籽	19558.5	2689.19	51855.5	7015.73	23528.5	3131.44	501.5	201.34	414.0	44.40	4516.0	471.87					
花沟村社	皮棉	886.5	375.43	2853	1192.55	587.5	242.34	242	97.16	699	261.42	434	149.73					2422.81
石槽村社	皮棉			317	132.50	643.5	265.44			187.5	70.12							933.27
沟王村社	皮棉					279.5	115.29	44	17.66	182	68.06			111.5	32.05			365.56
李家官村社	皮棉	121.5	51.44	135.8	567.64					977.5	365.58	284	97.98					1082.64

社名	棉类名	特等白棉 斤重（斤）	特等白棉 合洋（元）	甲等白棉 斤重（斤）	甲等白棉 合洋（元）	乙等白棉 斤重（斤）	乙等白棉 合洋（元）	特等次白 斤重（斤）	特等次白 合洋（元）	甲等次白 斤重（斤）	甲等次白 合洋（元）	乙等次白 斤重（斤）	乙等次白 合洋（元）	红花 斤重（斤）	红花 合洋（元）	次红 斤重（斤）	次红 合洋（元）	价值总额（元）
宫旺村社	皮棉			545	227.81	333	137.35			13	4.86	212	73.14			64.5	14.83	457.99
高旺村社	皮棉			722.5	302.000	560.5	231.19	55.5	22.27	351	131.27	270	93.15					779.88
龙虎村社	皮棉			3998	1671.16			200	80.30	648	242.35							1993.81
天师村社	皮棉			366.5	153.19	231.5	95.49	150	60.22	121	45.25			132.5	38.08			392.23
岳家村社	皮棉			2082	870.27	366	150.97	122	48.98	333	124.54	255.5	88.14	45.5	13.07			1295.97
魏家村社	皮棉	283	119.84	2677	1118.98	581.5	239.86	444.5	178.46	200	74.80	42.5	14.66					1746.60

续表

项别 棉类 社名	特等白棉 斤重（斤）	特等白棉 合洋（元）	甲等白棉 斤重（斤）	甲等白棉 合洋（元）	乙等白棉 斤重（斤）	乙等白棉 合洋（元）	特等次白 斤重（斤）	特等次白 合洋（元）	甲等次白 斤重（斤）	甲等次白 合洋（元）	乙等次白 斤重（斤）	乙等次白 合洋（元）	红花 斤重（斤）	红花 合洋（元）	次红 斤重（斤）	次红 合洋（元）	价值总额（元）
贾塞村社 皮棉			1397.5	584.15	98	40.42	445	178.66	220	82.28	122	42.09					927.60
孙坊村社 皮棉			404	168.87	870	358.87					356.5	122.99					650.73
榆林村社 皮棉			569	237.84	80	33.00					534	184.23					455.07
张家村社 皮棉			2959	1236.86			183.5	73.66	239	89.38	345.5	119.19	41.5	11.92			1531.01
李星曜村社 皮棉			3751.5	1568.12			675.5	271.20	805	301.07							2140.39
双柳树村社 皮棉			1003.5	419.46	63.5	26.19			105	39.27	119	41.05			128	29.44	555.41

续表

社名	棉类	特等白棉		甲等白棉		乙等白棉		特等次白		甲等次白		乙等次白		红花		次红		价值总额（元）
		斤重（斤）	合洋（元）	斤重（斤）	合洋（元）	斤重（斤）	合洋（元）	斤重（斤）	合洋（元）	斤重（斤）	合洋（元）	斤重（斤）	合洋（元）	斤重（斤）	合洋（元）	斤重（斤）	合洋（元）	
吉祥村社	皮棉	1291	546.73	1133	473.59			323.5	129.87	547.5	204.76							808.22
合计	皮			27334	11425.61	4694.5	1936.47	3387	1359.87	5628.5	2105.05	2975	1026.37	33	95.16	192.5	44.27	18539.53
二辛庄村社	皮棉					461	190.16			88.5	33.10							510.53
	籽花			1683	227.71			541.5	59.56									
东左家村社	皮棉			4205.5	1757.9	721.5	297.62	283.5	13.82	159	59.46	351.5	121.27	309.5	88.98			2680.96
	籽花			1212.5	164.05	585	77.86											
耿家村社	皮棉			2618.5	1094.53	818	337.42	394	58.19	320	119.68	223	76.93					2126.60
	籽花			2110.5	285.55	408	54.30											
牛家庄村社	皮棉			419	175.14			160	64.24									622.75
	籽花			2833.5	383.37													

续表

社名	棉类	特等白棉 斤重(斤)	特等白棉 合洋(元)	甲等白棉 斤重(斤)	甲等白棉 合洋(元)	乙等白棉 斤重(斤)	乙等白棉 合洋(元)	特等次白 斤重(斤)	特等次白 合洋(元)	甲等次白 斤重(斤)	甲等次白 合洋(元)	乙等次白 斤重(斤)	乙等次白 合洋(元)	红花 斤重(斤)	红花 合洋(元)	次红 斤重(斤)	次红 合洋(元)	价值总额(元)
明家集村社	皮棉			313	130.83	213	87.86	86	34.53	102.5	38.33							1246.06
	籽花			4369.5	591.19	2311.5	307.66	506	55.66									
颜家集村社	皮棉			2787	1164.96	210.5	86.83	100.5	40.35	182.5	68.25							1799.96
	籽花			2848	385.33	407.5	54.24											
资村村社	皮棉			3256.5	1361.22	731	301.54			561	209.81							2134.68
	籽花			1043	141.12	909	120.99											
惠新庄村社	皮棉			2197.5	918.55	190	78.37											2023.27
	籽花			2912	393.99	4751	632.36											
仓窦村社	皮棉			1700	710.60	366.5	151.18			828	309.67	52	17.94	163.5	47			2714.75
	籽花			8814	1192.53	1902	253.15	205	22.55			97	10.13					
宋家集村社	皮棉																	
	籽花			305.5	41.33	1633	217.35											258.68

社名	项别 棉类	特等白棉 斤重（斤）	特等白棉 合洋（元）	甲等白棉 斤重（斤）	甲等白棉 合洋（元）	乙等白棉 斤重（斤）	乙等白棉 合洋（元）	特等次白 斤重（斤）	特等次白 合洋（元）	甲等次白 斤重（斤）	甲等次白 合洋（元）	乙等次白 斤重（斤）	乙等次白 合洋（元）	红花 斤重（斤）	红花 合洋（元）	次红 斤重（斤）	次红 合洋（元）	价值总额（元）
高连庄村社	皮棉																	493.66
	籽花			2598	351.51	1068	142.15											
田家村社	皮棉																	2824.17
	籽花			18426.5	2493.10	2204	293.35	120	13.20	123	13.12	109	11.40					
苏家桥村社	皮棉																	508.18
	籽花			1635.5	221.28	2155.5	286.90											
柴家村社	皮棉																	701.16
	籽花			3723	503.58	663	88.24	994	109.34									
于家村社	皮棉			258.5	108.05			51.5	20.68									1728.80
	籽花			7600	1028.28	2535.5	337.47	1539.5	169.34	609	64.98							
昝家村社	皮棉			595.5	248.90	235	96.94					170	58.65					735.44
	籽花			1725	233.39	733	97.56											

续表

社名\项别	棉类	特等白棉 斤重(斤)	特等白棉 合洋(元)	甲等白棉 斤重(斤)	甲等白棉 合洋(元)	乙等白棉 斤重(斤)	乙等白棉 合洋(元)	特等次白 斤重(斤)	特等次白 合洋(元)	甲等次白 斤重(斤)	甲等次白 合洋(元)	乙等次白 斤重(斤)	乙等次白 合洋(元)	红花 斤重(斤)	红花 合洋(元)	次红 斤重(斤)	次红 合洋(元)	价值总额(元)
大碾村社	皮棉																	581.96
	籽花			4013	542.96	293	39											
西辛梁镇村社	皮棉			887	370.76	764.5	315.35	247.5	99.37	129	48.24			24	69			3525.12
	籽花			14283	1932.49	5490.5	730.78	193	21.23									
东辛梁镇村社	皮棉			3756.5	1570.22	2280.5	940.70	238.5	95.75	611.5	228.70	101	34.84	143	41.11			4087.89
	籽花			4038	546.34	4735	630.23											
杨家村社	皮棉			1052.5	5439.94	1626.5	5670.93			672	251.32							2174.60
	籽花			3663.5	5428.02	2888	384.39											
宋家村社	皮棉																	374.29
	籽花			445	31	102	13.57			271.5	28.97							
辛家村社	皮棉																	195.72
	籽花			579.5	78.40	881.5	117.32											

项别 社名	棉类	特等白棉 斤重(斤)	特等白棉 合洋(元)	甲等白棉 斤重(斤)	甲等白棉 合洋(元)	乙等白棉 斤重(斤)	乙等白棉 合洋(元)	特等次白 斤重(斤)	特等次白 合洋(元)	甲等次白 斤重(斤)	甲等次白 合洋(元)	乙等次白 斤重(斤)	乙等次白 合洋(元)	红花 斤重(斤)	红花 合洋(元)	次红 斤重(斤)	次红 合洋(元)	价值总额(元)
沙城庄村社	皮棉																	159.72
	籽花			671	90.78	518	68.94											
西左家村社	皮棉			260.5	108.89													667.65
	籽花			2837	383.84	1060.5	141.15	307	33.77									
马庄村社	皮棉																	939.43
	籽花			3604.5	758.29	1312	174.63											
孙家村社	皮棉			892	372.85	719.5	296.79	100	4025	61	6.51							1205.70
	籽花			1386.5	187.59	1880.5	250.29	250.5	27.55	81.5	30.45							
韩家庄村社	皮棉																	310.44
	籽花			2294.5	310.44													
郑家村社	皮棉																	218.32
	籽花			1408	190.5	209	27.82											

续表

社名	项别/棉类	特等白棉 斤重(斤)	特等白棉 合洋(元)	甲等白棉 斤重(斤)	甲等白棉 合洋(元)	乙等白棉 斤重(斤)	乙等白棉 合洋(元)	特等次白 斤重(斤)	特等次白 合洋(元)	甲等次白 斤重(斤)	甲等次白 合洋(元)	乙等次白 斤重(斤)	乙等次白 合洋(元)	红花 斤重(斤)	红花 合洋(元)	次红 斤重(斤)	次红 合洋(元)	价值总额(元)
粉张庄村社	皮棉			937.5	391.87													1012.27
	籽花			4431	599.51	164.5	21.89											
刘聚桥村社	皮棉			843.5	352.58	440.5	181.7	103	41.35	71	26.55							602.18
	籽花																	
北杨家村社	皮棉			2170	907.06	207.5	85.59											992.65
合计	皮			29150.5	12184.91	9985.0	4118.98	1764.5	708.44	3806.5	1423.63	897.5	309.63	640	184			40158.76
	籽			111000	15018.22	41800.5	5563.64	4656.5	512.20	1064.5	113.58	206	21.53					
遑家庄村社	皮棉			360.5	150.69													269.89
	籽棉			881	119.20													
南范庄庄村社	皮棉			487.5	203.77													258.43
	籽棉			404	54.66													

社名＼项别＼棉类		特等白棉 斤重（斤）	特等白棉 合洋（元）	甲等白棉 斤重（斤）	甲等白棉 合洋（元）	乙等白棉 斤重（斤）	乙等白棉 合洋（元）	特等次白 斤重（斤）	特等次白 合洋（元）	甲等次白 斤重（斤）	甲等次白 合洋（元）	乙等次白 斤重（斤）	乙等次白 合洋（元）	红花 斤重（斤）	红花 合洋（元）	次红 斤重（斤）	次红 合洋（元）	价值总额（元）
鄔家庄村社	籽棉			1328.5	179.74													179.74
石家庄村社	籽棉			1053	142.47													142.47
郎君庄	籽棉			256	34.63													34.63
李家庄	籽棉			302	40.86													40.86
抱印庄	籽棉			78	10.55													10.55
十里铺庄社	籽棉			792.5	107.22													107.22

续表

项别 社名	棉类名	特等白棉 斤重（斤）	特等白棉 合洋（元）	甲等白棉 斤重（斤）	甲等白棉 合洋（元）	乙等白棉 斤重（斤）	乙等白棉 合洋（元）	特等次白 斤重（斤）	特等次白 合洋（元）	甲等次白 斤重（斤）	甲等次白 合洋（元）	乙等次白 斤重（斤）	乙等次白 合洋（元）	红花 斤重（斤）	红花 合洋（元）	次红 斤重（斤）	次红 合洋（元）	价值总额（元）
黄山前	籽棉			270	36.53													36.53
乔木庄	籽棉			82.5	11.16													11.16
韦家庄	皮棉			271	113.27													113.27
农场	皮棉			1717	717.70													717.70
合计	皮棉			2836.5	1185.43													
合计	籽棉			5447.5	737.02													1922.45
总计	皮棉	79974.5	3377.06	111228.04	6497.22	46394.5	19137.38	20851.5	8371.54	33921.5	12686.58	20072.5	6924.95	6910.5	1986.57	2927.0	673.17	134973.29
总计	籽棉	19558.5	2689.19	168303.02	22770.97	65329.0	8695.08	4656.5	512.20	1478.5	1157.98	4722.04	493.40					

(二)本社各村社借款本息清表

社名	春季借款 本洋数额	春季借款 计息数额	秋季借款 本洋数额	秋季借款 计息数额	总计 借款总额	总计 利息总额	总计 本息合计	备注
逯家庄村社			278.00	13.90	278.00	13.90	291.90	
南范庄村社			207.00	10.35	207.00	10.35	217.35	
鄢家庄村社			156.00	7.80	156.00	7.80	163.80	
十里铺村社	99.00	6.93			99.00	6.93	105.93	
合计	99.00	6.93	641.00	32.05	740.00	38.98	778.98	
二辛庄村社	216	15.12	455.00	22.75	671	37.87	708.87	
东左家村社	1269	88.83	2563	128.15	3832	216.98	4048.98	
耿家村社	744	52.08	1805	90.25	2549	142.33	2691.33	
牛家庄村社			594	29.70	594	29.70	623.70	
明家集村社	381	26.67	645	32.25	1026	58.92	1084.92	
颜家集村社	765	53.55	1380	69.00	2145	112.55	1367.55	
筼村村社	1314	91.98	1905	95.25	3219	187.23	3406.23	

续表

社名＼项别	春季借款		秋季借款		总计			备注
	本洋数额	计息数额	本洋数额	计息数额	借款总额	利息总额	本息总合计	
惠新庄村社	657	45.99	1782	89.10	1439	135.09	2574.09	
仓廒村社	1119	78.33	1366	113.30	3385	191.63	3576.63	
宋家集村社	189	13.23			189	13.23	202.23	
高窎庄村社	198	13.86	256	12.80	454	26.66	480.66	
田家村社	978	68.46	1139	56.95	2117	125.41	2142.41	
苏家桥村社	468	32.76			468	32.76	500.76	
柴家村社			529	26.45	529	26.45	555.45	
于家村社	609	46.63	610	30.50	1219	73.13	1292.13	
营家村社			528	26.40	528	26.40	554.40	
大碾村社	332	113.31	371	18.55	704	41.86	745.86	
西辛梁镇村社	1518	106.26	1642	82.10	3160	188.36	3348.36	
东辛梁镇村社			1327	66.35	1327	66.35	1393.35	
杨家社社	1203	12.21	1124	56.20	1427	77.41	1504.41	

续表

社名	春季借款		秋季借款		借款总额	总计		备注
项别	本洋数额	计息数额	本洋数额	计息数额	借款总额	利息总额	本息合计	备注
宋家村社	180	12.6	90	4.50	270	17.10	287.10	
辛桥村社	183	12.81			183	12.81	195.81	
沙城庄村社	120	8.40			120	8.40	128.40	
马庄村社	277	19.35	472	23.60	749	42.99	791.99	
孙家庄村社	731	51.17			731	51.17	782.17	
韩家庄村社	270	18.90			270	18.90	288.90	
郑家村社			315	15.75	315	15.75	330.75	
粉张庄村社	525	36.75			525	36.75	561.75	
刘聚桥村社	267	18.69	123	10.65	480	29.34	509.34	
北杨家村社	420	31.40	384	19.20	834	50.70	884.70	
合计	14064.00	988.44	22395.00	1119.75	36459.00	2104.23	38665.23	
花沟镇村社	624	43.68	1188	59.4	1812	103.8	1915.80	
石槽村社	315	22.05	384	1536	669	37.41	736.41	秋借利息按四个月计

续表

社名	项别	春季借款		秋季借款		总计			备注
		本洋数额	计息数额	本洋数额	计息数额	借款总额	利息总额	本息合计	
沟王村社		123	8.61	146	12.30	369	20.91	389.91	
李家官村社		393	27.51	570	28.50	963	56.01	1019.01	
官旺庄村社		216	15.12	372	18.60	588	33.72	612.72	
高旺庄村社		316	22.12	399	19.95	715	42.07	757.07	
龙虎庄村社		927	64.89	1458	72.90	2385	137.79	2522.79	
天师村社		75	5.25	186	9.3	261	14.55	275.55	
岳家村社		426	29.82	636	31.8	1062	61.62	1123.62	
魏家村社		654	45.78	903	45.15	1557	90.93	1647.93	
贾寨村社		324	22.68	469	23.45	793	46.13	839.13	
孙坊村社		202	14.14	327	16.35	529	30.49	559.49	
榆林村社		231	16.17	189	9.45	420	25.62	445.62	

续表

项别 社名	春季借款		秋季借款		总计			备注
	本洋数额	计息数额	本洋数额	计息数额	借款总额	利息总额	本息合计	
张家庄村社	496	34.72	795	39.75	1291	74.47	1365.47	
李星耀村社	909	63.63	1430	71.5	2339	135.23	2474.23	秋借利息按四个月计
双柳树村社	180	12.60	207	8.28	387	20.88	407.88	
吉祥庄村社	331	23.17	378	18.90	709	42.07	751.07	
合计	6742	471.94	10137	500.94	16879	972.88	17851.88	
时家村社	1402	98.14	3145	157.25	4547	255.39	4802.39	
西南四村社	315	22.05			315	22.05	337.05	
龙桑树村社	201	14.07	246	12.30	447	26.37	473.37	
孙家镇村社	654	45.78	3462	173.10	4116	218.88	4334.88	
范家村社	126	8.82			126	8.82	134.82	
大里村社	66	4.62	26	1.30	92	5.92	97.92	
道民村社	1045	73.15	3476	173.80	4521	246.95	4767.95	

续表

项别 社名	春季借款		秋季借款		总计			备注
	本洋数额	计息数额	本洋数额	计息数额	借款总额	利息总额	本息合计	
刘家村社	630	44.10			630	44.10	674.10	
大陈村社	1029	72.03	982	49.10	2011	121.13	2132.13	
冯家村社	441	30.87	1293	64.65	1734	95.52	1829.52	
蔡家村社	3084	215.88	3248	162.40	6332	378.28	6710.28	
周家村社	942	65.94	687	34.35	1629	100.29	1729.29	
安刘村社	2055	143.85	4053	202.65	6108	346.50	6454.50	
孟家坊村社	417	29.19	513	25.65	930	54.84	984.84	
霍家坡村社	940	65.80	1196	59.80	2136	125.60	2261.60	
信家村社	1848	129.36	3155	157.75	5003	287.11	5290.11	
郑曹村社	88	6.16	42	2.10	130	8.26	138.26	
小三户村社	393	27.51	645	32.25	1038	59.76	1097.76	

续表

社名 \ 项别	春季借款		秋季借款		总计			备注
	本洋数额	计息数额	本洋数额	计息数额	借款总额	利息总额	本息合计	
前陈村社	444	31.08	732	36.60	1176	67.68	1243.68	
吕家村社	777	54.39	1141	57.05	1918	111.44	2029.44	
王伍村社	2033	142.31	2521	126.06	4554	268.36	4822.36	
党里村社			6934	34.65	693	34.65	727.65	
姚家村社	201	14.07			201	14.07	215.07	
王家村社	465	32.55			465	32.55	497.55	
张家套村社	310	12.70	540	27.00	850	48.70	898.70	
曹家小庄社	138	8.28			138	8.28	146.28	
刁家村社	117	7.02	117	5.85	234	12.87	246.87	
杨村村社	147	10.29			147	10.29	157.29	
东言礼村社	177	12.39	337	16.85	514	29.24	543.24	

续表

社名项别	春季借款		秋季借款		总计			备注
	本洋数额	计息数额	本洋数额	计息数额	借款总额	利息总额	本息合计	
魏家村社	108	6.48	108	5.40	216	11.88	227.88	
王章村社	177	12.39	354	17.70	531	30.09	561.09	
官庄村社	516	30.96			516	30.96	546.96	
耿家村社	120	8.40	243	12.15	363	20.55	383.55	
邱家村社	192	11.52			192	11.52	203.52	
木王村社	360	21.60	227	11.35	587	32.95	619.95	
小王驼村社	496	34.72	280	14.00	776	48.72	824.72	
波蹅店村社	237	14.22	432	21.60	669	35.82	704.82	
王驼村社	135	9.45	972	48.60	1107	58.05	1165.05	
宋家村社	234	16.38	468	23.40	702	39.78	741.78	
车郭村社	258	15.48	153	7.65	411	23.13	434.53	

续表

项别 社名	春季借款		秋季借款			总计		本息合计	备注
	本洋数额	计息数额	本洋数额	计息数额	借款总额	利息总额	本息合计		
张家村社	1863	130.41	466	23.30	2329	153.71	2482.71	
成家村社	2874	201.18	2891	144.55	5765	345.73	6110.73	
埋镇村社	726	50.82	241	12.05	967	62.87	1029.87	
郭家村社	597	41.79	708	35.40	1305	77.19	1382.19	
长怀村社	345	24.15	264	13.20	609	37.35	646.35	
孔家村社	198	13.86	140	7.00	338	20.86	358.86	
辉里村社			2124	106.20	2124	106.20	2230.20	
赵家村社			423	21.15	423	21.15	444.15	
高家村社			2905	95.25	1905	95.25	2000.25	
韩家店村社			840	42.00	840	42.00	882.00	
王庄村社			489	24.45	489	24.45	513.45	

续表

项别 社名	春季借款		秋季借款		借款总额	总计		备注
	本洋数额	计息数额	本洋数额	计息数额		利息总额	本息合计	
甲子村社			600	30.00	600	30.00	630.00	
合计	29921.00	2075.21	46578.00	2328.90	76499.00	4404.11	80903.11	
总计	50826.00	3542.52	79751.00	3981.64	130577.00	7520.20	138097.20	

（三）本社联合会各会员社结算余欠总表

社员姓名	应领		扣除			除欠		备注
	花价	除利	借款元数	利息	总额	领回	补交	
霍家坡村社	172247	13280	213600	12560	185527		40633	
安刘村社	529095	40740	610800	34650	569835		75615	
孟家坊村社	98124	7555	93000	5484	105679	7195		
大陈村社	226721	17456	201100	12113	244177	30964		
波蹚店村社	81159	6149	66900	3582	87408	16926		
范家村社	20850	1605	12600	882	22455	8973		
龙桑树村社	35102	2703	44700	2637	37805		9532	
孙家镇村社	453109	34889	41160	21888	487998	54510		

续表

社员姓名	应领			扣除			除欠		备注
	花价	除利	总额	借款元数	利息	领回	补交		
长怀村社	62756	4832	67588	60900	3735	2953			
辉李村社	130363	17738	248101	212400	10620	25081			
孔家村社	35478	2732	381110	33800	2086	2324			
冯家村社	186870	14389	201259	173400	9552	18307			
党里村社	67089	5166	72255	69300	3465		510		
郑曹村社	11498	885	12383	13000	826		1443		
宋家村社	102180	7868	110048	70200	3978	35870			
小三户村社	108910	8386	117296	103800	5976	7520			
官庄村社	10350	797	11147	51600	3096		43549		
赵家村社	37611	2896	40507	42300	2115		3908		
邱家村社	8064	621	8685	19200	1152		11667		

续表

社员姓名	应领			扣除		除欠		备注
	花价	除利	总额	借款元数	利息	领回	补交	
刘家村社	63187	4865	68052	63000	4410	642		
蔡家村社	623402	48002	671404	633200	37828	376		
吕家村社	217860	16775	234635	191800	11144	31691		
周家村社	174265	13418	187683	162900	10029	14754		
郭家村社	141924	10928	152852	130500	7719	14633		
埂镇村社	171134	13177	184311	96700	6287	81324		
大王驼村社	116124	8941	125065	110700	5805	8560		
道民村社	373058	28725	401783	4511100	24695		75012	
刁家村社	30381	2339	32720	23400	1287	8033		
张家村社	256128	19722	275850	232900	15371	27579		
张家套村社	65831	5069	70900	85000	4870		18970	

续表

社员姓名	应领			扣除			除欠		备注
	花价	除利	总额	借款元数	利息	领回	补交		
高家村社	162947	12547	175494	190500	9525		24531		
王伍村社	445844	34330	480174	455400	26836		2062		
王庄村社	46557	3585	50142	48900	2445		1203		
王章村社	45430	3498	48928	53100	3009		7181		
成家村社	595709	45869	641578	576500	34573	30505			
信家村社	471467	36303	507770	500300	28711		21241		
时家村社	259255	19963	279218	454700	25539		201021		
位家村社	31596	2433	34029	21600	1188	11241			
小王驼村社	66846	5147	71993	77600	4872		10479		
前陈村社	121513	9356	130869	117600	6768		6501		
西南四村社	28629	2204	30833	31500	2205		2872		

续表

| 社员姓名 | 应领 | | | 扣除 | | 除欠 | | 备注 |
	花价	除利	总额	借款元数	利息	领回	补交	
木王村社	66610	5129	71739	58700	3295	9744		
甲子村社	41004	3157	44161	60000	3000		18839	
曹家小庄村社	17669	1360	19029	13800	828	4401		
耿家村社	34867	2685	37552	36300	2055		803	
姚家村社	18660	1438	20118	20100	1407		1389	
释家套村社	11911	917	12828			12828		
车郭村庄	51250	3946	55196	41100	2313	11783		
东言礼村社	41135	3167	44302	51400	2924		10022	
韩家店村社	5320	4100	57351	84400	4200		30849	
杨村村社	17741	1381	19322	14500	1025	3593		
王家村社	45976	3240	49516	46500	3255		239	

续表

社员姓名	应领			扣除		除欠		备注
	花价	除利	总额	借款元数	利息	领回	补交	
五户村社	26049	2006	28055			28055		
大李村社	7204	555	7759	92	592		2033	
廪仓村社	15045	1158				16203		
合计	74352.55	5725.22	80077.77	76499	440411	5330.69	615603	以上五十五社属孙家镇总会
花沟村社	2423.81	186.56	2609.37	1812.00	103.80	693.57		
石槽村社	923.27	71.86	995.13	699.00	37.41	258.72		
沟王村社	365.56	28.15	393.71	369.00	20.91	3.80		
李家宫村社	1082.64	83.36	1166.00	963.00	56.01	146.99		
宫旺村社	457.99	35.26	493.25	588.00	33.72		128.47	
高旺村社	779.88	60.05	839.93	715.00	42.07	82.86		
龙虎村社	1993.81	153.50	2147.31	2385.00	137.79		375.48	

续表

社员姓名	应领			扣除		除欠		备注
	花价	除利	总额	借款元数	利息	领回	补交	
天师村社	392.23	30.20	422.43	261.00	14.55	146.93		
岳家村社	1295.97	9979	1395.76	1062.00	61.62	272.13		
魏家村社	1746.60	134.40	1881.00	1557.00	90.93	233.07		
贾寨村社	927.60	71.42	999.02	793.00	46.13	159.89		
孙坊村社	650.73	50.11	700.84	529.00	30.49	141.35		
榆林村社	455.07	35.04	490.11	420.00	25.62	44.49		
张家村社	1531.01	117.89	1648.90	1291.00	74.47	283.43		
李星耀村社	2140.39	164.81	2305.20	2339.00	135.23		169.03	
双柳树村社	555.41	42.77	558.18	387.00	20.88	190.30		
吉祥村社	808.22	62.23	870.45	709.00	42.07	119.38		
合计	18539.53	1427.54	19967.07	16879.00	972.88	2776.91	672.98	以上十七社属花沟办事处
二辛庄村社	510.53	39.31	549.84	671.00	37.87		159.03	

续表

社员姓名	应领		总额	扣除		除欠		备注
	花价	除利		借款元数	利息	领回	补交	
东左家村社	2680.96	206.43	2887.39	3832.00	216.98		1161.59	
耿家村社	2126.60	163.75	2290.35	2549.00	142.33		400.58	
牛家村社	622.75	47.95	670.70	594.00	29.70	48.90		
明家集村社	1246.06	95.95	1342.01	1026.00	58.42	257.09		
颜家集村社	1799.96	138.60	1938.56	2145.00	122.55		328.99	
筼村村社	2134.68	164.37	2299.05	3219.00	187.23		1107.18	
惠新庄村社	2023.27	155.79	2179.06	2439.00	135.09		395.03	
仓廪村社	2714.75	209.03	2923.78	3385.00	191.63		652.85	
宋家村社	258.68	19.92	278.60	189.00	13.23	76.37		
高洼村社	493.66	38.10	531.76	454.00	26.66	51.10		
田家村社	2824.17	217.46	3041.63	2117.00	125.41	799.22		
苏家桥村社	508.18	39.13	547.31	468.00	32.76	46.55		

续表

社员姓名	应领			扣除		除欠		备注
	花价	除利	总额	借款元数	利息	领回	补交	
柴家村社	701.16	53.99	755.15	529.00	26.45	199.70		
于家村社	1728.80	133.12	1861.92	1219.00	73.13	569.79		
管家村社	735.44	56.63	792.07	528.00	26.40	237.67		
大礦村社	581.96	44.81	626.77	704.00	4186		119.01	
西辛梁镇村社	3525.12	271.43	3796.55	3160.00	188.36	448.19		
东辛梁镇村社	4087.89	314.77	4402.66	1327.00	66.35	3009.31		
杨家村社	2174.60	167.44	2342.04	1427.00	77.41	837.63		
宋家村社	374.29	28.82	403.11	270.00	17.10	116.01		
辛桥村社	195.72	15.07	210.79	183.00	12.81	14.98		
沙城村社	159.72	12.30	172.02	120.00	8.40	43.62		
马庄村社	939.43	72.34	1011.77	749.00	42.99	219.78		

续表

社员姓名	应领			扣除		除欠		备注
	花价	除利	总额	借款元数	利息	领回	补交	
孙家庄村社	1205.70	92.84	1298.54	731.00	51.17	516.37		
韩家庄村社	310.44	23.90	334.34	270.00	18.90	435.44		
郑家村社	218.32	16.81	235.13	315.00	15.75		95.62	
粉张庄村社	1013.27	78.02	1091.29	525.00	36.75	529.54		
刘聚桥村社	602.18	46.37	648.55	480.00	29.34	139.21		
北杨家村社	992.65	76.43	1069.08	834.00	50.70	184.38		
西左家村社	667.65	51.41	719.60			719.60		
合计	40158.76	3092.22	43250.98	36459.00	2104.23	9109.91	4420.36	以上三十一社属高洼办事处
逯家庄村社	269.89	20.78	290.67	278.00	13.90		1.23	
南范村社	258.43	19.90	278.33	207.00	10.35	60.98		
鄂家村社	179.74	13.84	193.58	156.00	7.80	29.78		

续表

社员姓名	应领			扣除		除欠		备注
	花价	除利	总额	借款元数	利息	领回	补交	
石家庄村社	142.47	10.97	153.44			153.44		
郎君村社	34.63	2.67	37.30			37.30		
李家村社	40.86	3.15	44.01			44.01		
抱印村社	10.55	0.81				11.36		
十里铺村社	107.22	8.25	115.47	99.00	6.93	9.54		
黄山前村社	36.53	2.81	39.3㆕			39.34		
乔木庄村社	11.16	0.86	12.02			12.02		
韦家庄村社	113.27	8.72	121.99			121.99		
农场	717.70	55.26	772.ᶜ6			772.96		
合计	1922.45	148.02	2070.47	740.00	38.98	1292.72	1.23	以上十二社属县城办事处
总计	134573.29 元	10393.00	14536₢.29	130577.00	7520.20	18510.23	11250.59	

（四）加工运输各费明细表

项目	孙家镇总会	办事处			总计	附注
		高洼庄	花沟镇	县城		
轧花：工资	143.89	388.88		17.45	550.22	孙家镇 99872.5 斤，高洼 158727 斤，县城 5447.5 斤，计共轧籽棉 264048 斤
炭费	123.35				123.35	轧花厂木炭代油发动机共用木炭 3661 斤
修理	13.43				13.43	修理发动机坐台需用洋灰石灰砖料等
配件	30.64				30.64	配制轧花机上下刀腿子螺丝等零件
消耗	11.14				11.14	轧花用棉油洋油
打包：工资	118.80	58.20	29.40	2.64	209.04	计孙家镇 990 包，高洼 491，花沟 245，县城 22 包，共 1748 包
包布	638.30				638.30	包布 295 匹，各办事处用布统由总会发给
包绳	272.70				272.70	包绳 14 车，每车 140 付
杂料	6.90				6.90	包线等料
运输：船力	227.40				227.40	运济南黄台桥 1147 包水脚

续表

项目	孙家镇总会	办事处			总计	附注
		高洼庄	花沟镇	县城		
大车	167.49	165.60	39.60	4.70	377.39	运小清河码头及周村车站脚力
火车	132.00				132.00	140包由周村运沧口华新厂车费
汽车	122.00				122.00	647包由黄台桥运商埠汽车费
杂项	28.94				28.94	车底酒钱
合计	2036.58	612.68	69.00	24.79	2743.05	

（五）营业管理费用明细表

项目	孙家镇总会	高洼办事处	花沟办事处	总计	附注
薪金	320.00元			320.00	有给办事员二人年薪
工资	40.05	26.07	9.82	75.94	各项短工
馔食	90.00	56.44	43.30	189.77	发放一二次贷款分发轧花车暨会务委员义务办事员驻会办公等项饭费
文具	46.72			46.72	纸张笔墨暨刻制图章书报各费
印刷	146.00			146.00	账簿表单等项
油炭	76.78	25.67	12.63	115.08	油烛薪炭炉火等项
茶水	11.10	2.96	1.92	15.98	

项目	孙家镇总会	高洼办事处	花沟办事处	总计	附注
房租	115.00	30.00	20.00	165.00	总会暨办事处房舍赁价
修缮	72.00			72.00	修补孙家镇南庙改充轧花厂
旅费	89.61	14.91		104.52	会务委员赴济青各埠售花交货
邮电	4.29			4.29	邮票印花
杂支	38.36	34.66	9.07	82.09	杂项支用
合计	1049.94	190.71	96.74	1337.39	

（六）联合会职员酬劳金分配一览表

姓名	职务	待遇	酬劳金额	备考
孙子愿	委员兼主席	义务	130.00	
李运瑞	委员兼办事处主任	同上	70.00	
王景珍	委员兼办事处主任	同上	50.00	
李晓峰	委员兼办事员	同上	40.00	
吕景贤	委员兼办事员	同上	40.00	
王毓荚	委员兼办事员	同上	30.00	
宗守泽	委员兼办事员	同上	20.00	
徐次菖	委员	同上	10.00	
李郁亭	委员	同上	10.00	
王凤仪	委员	同上	10.00	
王鉴堂	委员	同上	10.00	
韩现琯	委员	同上	10.00	
刘嗣疆	委员	同上	10.00	
郭俊荣	办事员	有给	30.00	

续表

姓名	职务	待遇	酬劳金额	备考
蔡志璞	办事员	有给	30.00	
李秀儒	办事员	义务	60.00	
会龙图	办事员	同上	40.00	
王鸿祥	办事员		20.00	
梁士文	机器师		20.00	
	指导员		153.65	捐充本会公益金
合计			793.65	

（七）村社职员奖金一览表

社名	等级	奖金数额（元）	备考	社名	等级	奖金数额（元）	备考
大陈村社	甲	20.00		于家村社	丙	10.00	
波蹄店村社	甲	20.00		菅家村社	丙	10.00	
孙家镇村社	甲	20.00		宋家村社	丙	10.00	
宋家村社	甲	20.00		西左村社	丙	10.00	
蔡家村社	甲	20.00		马庄村社	丙	10.00	
吕家村社	甲	20.00		韩家村社	丙	10.00	
王伍村社	甲	20.00		粉张庄村社	丙	10.00	
张家村社	甲	20.00		刘聚桥村社	丙	10.00	
东辛梁镇村社	甲	20.00		北杨家村社	丙	10.00	
安刘村社	乙	15.00		石家庄村社	丙	10.00	
辉里村社	乙	15.00		龙桑树村社	丁	5.00	
郭家村社	乙	15.00		孔家村社	丁	5.00	

社名	等级	奖金数额（元）	备考	社名	等级	奖金数额（元）	备考
堰镇村社	乙	15.00		小三户村社	丁	5.00	停发因与奖金分配办法第四条第一项规定不合
王驼村社	乙	15.00		官庄村社	丁	5.00	
道民村社	乙	15.00		赵家村社	丁	5.00	
张庄村社	乙	15.00		邱家村社	丁	5.00	
成家村社	乙	15.00		张家套村社	丁	5.00	
信家村社	乙	15.00		玉章村社	丁	5.00	
木王村社	乙	15.00		西南四村社	丁	5.00	
车郭村社	乙	15.00		甲子村社	丁	5.00	
花沟村社	乙	15.00		耿家村社	丁	5.00	
石槽村社	乙	15.00		姚家村社	丁	5.00	停发与奖金分配办法第四条第一项不合
岳家村社	乙	15.00		释家套村社	丁	5.00	
魏家庄村社	乙	15.00		杨村社	丁	5.00	
吉祥村社	乙	15.00		王家村社	丁	5.00	
高洼村社	乙	15.00		五户村社	丁	5.00	
田家村社	乙	15.00		沟王村社	丁	5.00	
西辛梁镇村社	乙	15.00		宫旺村社	丁	5.00	
杨家村社	乙	15.00		牛家村社	丁	5.00	
孙家村社	乙	15.00		东左家村社	丁	5.00	

续表

社名	等级	奖金数额（元）	备考	社名	等级	奖金数额（元）	备考
霍家坡村社	丙	10.00	停发核与奖金分配办法第四条第三项规定不合	耿家村社	丁	5.00	
孟家坊村社	丙	10.00		颜家集村社	丁	5.00	停发因与奖金分配办法第四条第二项规定不合
范家村社	丙	10.00		仓廪村社	丁	5.00	
长怀村社	丙	10.00		宋家集村社	丁	5.00	
马家村社	丙	10.00		苏寀桥村社	丁	5.00	
党里村社	丙	10.00		大碾村社	丁	5.00	
刘家村社	丙	10.00		辛桥村社	丁	5.00	
周家村社	丙	10.00		沙城村社	丁	5.00	
刁家村社	丙	10.00		鄢家村社	丁	5.00	
高家村社	丙	10.00		逯家村社	丁	5.00	
王庄村社	丙	10.00		十里铺村社	丁	5.00	
时家村社	丙	10.00	停发因与奖金分配办法第四条第二项规定不合	郑曹村社	戊		
位家村社	丙	10.00		东言礼村社	戊		
小王驼村社	丙	10.00		韩家店村社	戊		

社名	等级	奖金数额（元）	备考	社名	等级	奖金数额（元）	备考
前陈村社	丙	10.00		大里村社	戊		
曹家小庄村社	丙	10.00		龙虎村社	戊		
李家官村社	丙	10.00		二辛村社	戊		
高旺村社	丙	10.00		窝村社	戊		
天师村社	丙	10.00		惠辛村社	戊		
贾寨村社	丙	10.00		南郑村社	戊		
孙坊村社	丙	10.00		南范村社	戊		
于林村社	丙	10.00		韦家村社	戊		
李星耀村社	丙	10.00		乔木村社	戊		
双柳树村社	丙	10.00		黄山前村社	戊		
明家集村社	丙	10.00		抱印村社	戊		
柴家村社	丙	10.00		李家村社	戊		
				郎郡村社	戊		

丙　说　明

合作社每届事业年度终了，应即按期结算，制成损益、贷借各表，公布报告。各国合作法令对此规定，均极详密。我国现行合作社法第□条亦有同样之规定，意义至为重要；实以年度结算表列报各项，为合作社财产增减变化之结晶所系，不啻一年来业务经营之结果写真。时当旧年度终了之日，新事业开基之初，按据报告，由果溯因，则过去一年中设施安排之得失利弊，不难窥其究竟，而知所因革损益也。本会自第二届始，即行遵照章程，依期结算报告，会务据以擘划进行，尚称顺利。第三届因境环事实推移关系，与上届报告不无出入。兹摘要说明于次：

一、关于清算期者：本届事业经营期间，自民国二十三年一月一日起，至二十四年一月三十一日止，计共十有三月。此缘本届章程为顺应农民习惯，便利账务清算起见，特将清算期改订为每年一月三十一日。

二、关于损益计算者：本届业务范围扩大，损益来源增多，除棉花收益二万零一百八十二元一角七分外，计有利息收益一千九百八十三元二角，棉种收益一千三百七十四元六角四分，兼营购买收益一百七十五元，杂项收益十五元五角。五项总计收益二万一千七百三十元零九角九分，开除损失加工运输营业管理摊提股息等费用四千三百一十一元零四分外，净益洋一万九千四百一十九元九角五分。

三、关于摊提折旧费者：营业用房屋地皮、机器、家具，摊提率普通多在百分之二十左右。本会机器购价三百五十五元，摊提一百四十二元，适为40%；家具购价一百四十二元，摊提七十二元八角五分几达百分之五十。表面观察，数以过巨，有违会计原理；而摊提率过高，亦有隐匿财产真况之嫌。惟本会家具，多系苇席等使用年限不久易于破损物件，二年以后，恐即不堪再用矣。机器因系人力打包机，当兹会务逐年倍增之时，机器设备，亦不得不随之更替。倘摊提过少，则将来变卖，势必蒙受损失；恐非所以固基础而维合作之道。

四、关于盈余处分者：本届盈余一万九千四百一十九元九角五分，几达运销花价十三万四千五百七十三元二角九分之15%。全部分配，既可启社员合作射利之念，来日盈余一少，又易招共失望，动摇基础。经会务委员会议决，第三届分配盈余，仍限棉花运销部分。又念各村社职员清苦勤劳，特由利息收益项下提出九百七十五元充作村社职员奖励金；会员余利，每百元返还七元七角：计需一万零三百九十二元九角四分，较棉花运销纯益之百分六十五，超过七十六元七角五分，亦由利息收益项下提支。所余利息收益部份洋九百三十一元三角八分，连同棉种兼营，杂损益三项纯益洋一千五百六十五元六角二分，计共二千四百九十七元，拨充特别公积金，以固基础。

最后，本届结算期一月三十一日，适值废历腊月二十七日；时逢年根，农民需款若饥，因而清算分款日期，不得不稍予提前。结算期前二日（廿九）即将各社应领返还余利连同新收棉种价款，一并发清。故表存现金，实已预付净尽，库存并无款也。

章则及书表

甲　章则

（一）村社通用简章

第一条名称：本社定名为"邹平县　　村美棉运销合作社"。

第二条组织：本社以社员七人以上组织之。

第三条责任：本社社员负保证责任，其保证额为社股之五十倍。

第四条区域：本社以　　村及其附近庄村为事业区域。

第五条本社：本社事务所，设　　村门牌　　号。

第六条社员：（一）凡本社区域内，种植美棉农户，行为忠实无不良嗜好者，不分性别，均得申请本社干事会许可，并缴纳社股，为本社员。（二）社员如违犯本社章规，图谋私利者，干事会得提请社员大会议决，予以除名，并没收其股金。

第七条社股：（一）社股金额，每股定国币二元，第一次缴纳二分之一。（二）社员认股多少，以所种棉田为标准：凡种棉在二十亩以下者，至少一股，以上每增十亩，加认一股。

第八条职员：（一）本社设干事五人，由社员大会选举之；并互推社长会计各一人，掌理日常社务。（二）干事社长会计，均系义务职；任期一年，连选得连任。

第九条会议：（一）干事会每月开常会一次。（二）社员大会每年开常会一次；开会时不论认股多少，每人只限一权。

第十条事务：（一）社员委托本社运销棉花，以脱里斯美棉为限。（二）社员所有美棉，非经本社许可，不得自由出卖。（三）社员经济紧迫得请求本社预支运销美棉代价之一部。（四）社员美棉种植选种技术，须接受本社之指导。

第十一条损益：本社盈余除提付年息六厘股利外，余额分配如下——（一）公积金百分之二十；（二）职员酬劳金百分之十；（三）百分之七十，按社员运销额摊还之。

第十二条附则：本简章由社员大会通过，呈准备案之日施行。

（二）本社联合会章程（二三，六，四，修正）

第一条名称：本会定名为"梁邹美棉运销合作社联合会"

第二条登记：本会于民国　　年　　月　　日呈准邹平实验县政府变更登记。

第三条宗旨：本会宗旨如下：（一）调剂乡村金融，充实社员生产资本。（二）划一棉产品质，供给优良纺绩材料。（三）促成产销直接交易，增加社员经济收益。（四）促进社员合作教育。

第四条区域：本会以实验县辖境为业务区域。

第五条会址：本会事务所，设于邹平孙家镇，办事处分设于花沟镇、明家集、县城。

第六条组织责任：本会由业务区域内各村美棉运销合作社组织之，会员负保证责任。

第七条会员：（一）凡本会区域内之美棉运销合作社，均得直接申请入会；但须经本会委员会之许可。（二）本会会员，不得跨入其他联合会。（三）会员均须认购本会会股。（四）会员须恪遵本会一切则例。

第八条会股：（一）会股金额，每股定为国币五元，入会时一次缴清。（二）会员认股每社至少一股。（三）会股利息，定周年六厘。

第九条业务：（一）本会以代会员加工运销其棉产品为主要业

务。（二）运销产品，暂以脱里斯美棉为限。（三）运销产品，由会员遵照指定办事处所，自行送交。（四）前项产品送到后，由会照检验方法与标准，检定其品级与数量；其细则另定之。（五）品级数量检定完竣之美棉，得按当地最高市价计值填发收据。（六）本会为促进会务效率起见，得装设轧花机、打包机，加工整制运销产品。（七）会员为调剂所属社员金融、发展社务，得向本会请求预支运销产品代价之一部；其办法另定之。（八）本会为供给前项需要，得由会务委员会议决，向银行或其他金融机关订立合同，抵押借款。（九）本会为改良棉产品质，遇必要时，得置设棉花育种及技术改进机关。（十）会员委托运销产品，本会得设置仓栈，负责保管；但遇有不可抗抵之灾害或危险时，其责任按委销额由全体会员比例负担之。

第十条会计、损益：（一）本会关于会计事项，概用复式簿记；其规则另定之。（二）本会以每年自国历二月一日起，至翌年一月三十一日止为一会计年度。（三）每年度终了时，制成财产目录、资产负债表、业务报告书，及盈余分配案，由会务委员会审核，提交会员代表大会。（四）本会年度结算盈余，除提付股利外，以下列规定分配之——甲、公积金百分之二十，乙、公益金百分之十，丙、职员酬劳金百分之五，丁、百分之六十五按运销额平均摊还会员。（五）本会公积金须存储银行生息；除因抵补损失经会员代表大会议决外，不准动用。

第十一条职员：（一）本会设委员十一人组织委员会，综理会务，由会员代表大会推选之；任期二年，每年改选二分之一。（二）会务委员会互推主席一人处理日常会务。（三）本会设会计一人，办事员一人至四人，由会务委员会聘任之。（四）办事处各设主任一人，由主席就会务委员中，选聘之。（五）本会会务委员除兼任雇员外，均为义务职；但因公必要费用，得由会支付之。

第十二条会议：（一）会务委员会，每年开常会四次。（二）会员代表大会，每年开常会一次。其代表人数，以所属社员人数定之：社员二十人不足者，选代表一人；二十人至五十人者，选二人。以次每增五十人，加选代表一人。（三）本会各项会议，遇必要时，得各开临时会。

第十三条附则：（一）本章程如有未尽事宜，得由社员代表大会修正之。（二）本章程由社员代表大会议决，呈准备案之日施行。

（三）村社收花简则

一、村社所收棉花，均以社员自种之改良脱子美棉为限。

二、村社不收花衣，只收籽棉，以便保留纯种，免除零碎。

三、社员所送籽棉，均须原干，更不准杂有僵瓣、着色花朵及草叶等物。

四、收花过秤，一律按市秤计算。

五、棉花等级：分特、甲、乙三等，按照联合会规定收花标准办理之。

六、棉花送社，均须随时填给收据，以重手续。

七、村社所存籽花，须按照等级分别放置之。

（四）村社轧花简则

一、村社轧花地址，须利用公共房舍或借用民宅，不得租赁。

二、村社轧花须集中一处，如房舍不敷应用时，得酌量情形增设之；但至多不得超过三处。

三、村社轧花工人，须尽先雇用手术熟练之社员充任之，工资由社内所收股金项下垫支；不足时，得向联合会申请借款。

四、轧花工人须自带轧花机。

五、轧花灯油用费，由社内开支。

六、所轧棉子，须由社内分等保存，不准混杂；棉子之处置，由联合会规定办法办理之。

附记：除送缴籽棉各村社外，均须依此简则办理。

（五）村社职员考成奖励暂行办法

一、本会为鼓励村社出力人员起见，特由本届贷款利息收益项下提出　　元充作奖励金，按照各社成绩分配之。

二、各社成绩考成标准如下：

1. 社员合作信仰

2. 职员服务精神

3. 委销数额及借款价额

4. 棉花品级

5. 缴花零整

6. 缴花迟早

7. 社员人数及认购股数

8. 成立年限及过去成绩

9. 棉种品级

10. 记账情形

三、依照前条所列各项标准，分别考核，定为甲乙丙丁四等；计甲等奖洋二十元，乙等十五元，丙等十元，丁等五元，丁等以下者不发奖金。

四、凡村社有下列情形之一者，其应得奖金，一律停发。

1. 分发贷款与表列数目不符者

2. 违犯本会章则，受有处分者

3. 社务处理失当，致生纠纷者

五、凡村社职员因兼任本会职务领取酬劳金者，其应领奖金由代理人承受之。

六、本办法由会务委员会通过实行。

（六）本社社讯发刊简章

第一条：本刊定名为"梁邹美棉运销合作社社讯"。

第二条：本刊以传播合作消息，发扬合作意义，推进合作事业为宗旨。

第三条：本刊为不定期刊物，由梁邹美棉运销合作社联合会负责编辑。

第四条：本刊为社员读物，材料注重实际，文字力求浅明；凡合乎本刊宗旨之稿，一律欢迎登载。

第五条：本刊组织分下列各栏：

（一）谈话，（二）通讯，（三）会务，（四）章则，（五）农事，（六）消息，（七）常识，（八）转载。

第六条：本刊为非卖品，其赠阅办法如下：

（一）会员合作社每期赠阅三份；但社员超过二十人者，每十人加赠一份。

（二）邹平实验县内他种合作社，每期赠阅，一律二份。

（三）邹平实验县内各乡学村学暨各地有关团体机关，每期寄赠一份。

第七条：本简章由会务委员会通过施行。

乙　书表

（一）村社社员一览表

姓名	年龄	住址	所属村社	教育程度	全家人口	租地亩数		种棉亩数			备考
						自有	租佃	脱字	普通	土棉	

（二）社员棉田调查表　　　　　　调查人签名

社名	社员姓名	去年种棉亩数	拟种美棉亩数	用改良美棉棉种约若干	备考

（三）社员棉苗调查表　　　　　　　　　　调查人签名

村社名称	社员姓名	棉田亩数	查验结果	棉苗出齐若干亩	备考

（四）社员棉花收量估计调查表　　　　　　调查人签名

村社名称	社员姓名	棉田亩数	每亩预计收花若干	春季会否借款	备考

（五）村社社员春季借款愿书　　　　　　　第　号

社员姓名		出齐棉苗亩数	官亩　百　十　亩		
借			款		
借款银数	大洋　百　十元		利率	利	厘
保人	○○○ ○○○　签名盖章		备考		

启者：愿照上列条件向本社通融春季借款，并以自种脱字棉交
社运销，担保归还本息不误。此上

村梁邹美棉运销合作社

　　　　　　　　　　　　　　　　　　社员

中华民国　　　　年　　　月　　　　日

（六）村社社员秋季借款愿书　　　　　　　第　号

社员姓名		种棉亩数	官亩 亩　分	估收数量	每官亩 百十斤
借			款		
银数	大洋　百　十元整		利率	利　厘　毫整	

续表

社员姓名		种棉亩数	官亩		估收数量	每官亩	
			亩	分		百十	斤
抵押	籽棉	千	百	十 斤	保人		
备注	借款已于		年	月	日收到		

启者：愿照上列条件向本社通融秋季借款，并以前项自种脱字棉交社运销，价款担保归还借款本息不误。此上

村梁邹美棉运销合作社

社员

中华民国　　　　年　　　　月　　　　日

（七）春季借款存根及愿书（三联）

	借款总额	大洋　千　百　十　元		
春季	借款社员人数			
借款	借款社员棉苗亩数	官亩　千　百　十　亩		
存根	经手人			
	中华民国　　　年　　　月　　　日			

字第　　　　　　　　　　号

	村社 名称	借款社员 棉苗亩数	官亩			借款社员 人数
			千	百	十亩	
	借款总额	大洋千 百 十元	利率		利 厘	
春季	借款于　　　年　　　月　　　日发讫					
借款 愿书	启者：兹以上列条件加附社员借款细数表，请求春季借款，并以社员所种脱字棉送交联合会运销，担保归还借款本息。此上 梁邹美棉运销合作社联合会 <div align="right">村社社长　　　　（签名盖章）</div>中华民国　　　　年　　　　月　　　　日					

字第　　　　　　　　　　　　号

村社名称		借款社员棉苗亩数	官亩			借款社员人数	
			千	百	十亩		
借款总额		大洋　千　百　十元		利率		利	厘
备考							

春季借款愿书

启者：兹以上列条件加附社员借款细数表，请求春季借款，并以社员所种脱字棉送交联合会运销，担保归还借款本息。此上
梁邹美棉运销合作社联合会

　　　　　　　　村社社长　　　　　　（签名盖章）

中华民国　　　　年　　　　月　　　　日

（八）秋季借款存根及愿书（三联）

	借款总额	大洋	千	百	十	元
秋季借款存根	借款社员人数					
	棉田亩数	官亩	千	百	十	亩
	抵押	籽棉	万	千	百	十斤

经手人

中华民国　　　　年　　　　月　　　　日

字第　　　　　　　　　　　　号

村社名称	棉田亩数	官亩		
		千	百	十亩
每亩估计收量	百　十　斤	借款社员人数		
借款总额	大洋千　百　十元	利率	利	厘
抵押	籽棉　万　千　百　十斤	备考		

秋季借款愿书

启者：兹以上列条件加附社员借款细数表，请求秋季借款。
此上
梁邹美棉运销合作社联合会

　　　　　　　　村社社长　　　　　　（签名盖章）

中华民国　　　　年　　　　月　　　　日

字第　　　　　　　　号

村社名称		棉田亩数	官亩	
			千　百　十亩	
每亩估计收量		百　十　斤	借款社员人数	
借款总额		大洋千　百　十元	利率	利　　厘
抵押		籽棉	备考	
		万　千　百　十　斤		

启者：兹以上列条件加附社员借款细数表，请求秋季借款。

此上

梁邹美棉运销合作社联合会

村社社长　　　　　（签名盖章）

中华民国　　　　年　　　　月　　　　日

（秋季借款愿书）

（九）社员借款细数表

姓名	借款	抵押品			签名盖章	备考
		脱字棉田估收总数		折价		

（十）借款存根及愿书

存根	借款金额	
	抵押品	
	放款机关	
		经手人
	中华民国　　　年　　　月　　　日	

字第　　　　　　　　　　　　　号

金额	大洋　万　千　百　十元				利率	月息八厘
抵押品	籽棉花衣 万　千　百　十元				其他条件	载借款合同
借款愿书	迳启者：兹以上列条件，借到 贵行放款，相应填具愿书，并加附村社借款愿书　　纸为凭。 此致 济南中国银行 梁邹美棉运销合作社联合会主席 委员 委员 中华民国　　　　年　　　　月　　　　日					

（十一）村社缴花存根及收据

存根	兹收到本社社员　　　　　君交来第　　批 　　　美棉　　　斤　　　两 　　　　　　　　　　经手人　　　签字 中华民国　　　　年　　　月　　　日

会字第　　　　　　　　　　　号

收据	兹收到 本社社员　　君交到第　　　批 　　美棉　　　斤　　　两 　　　村美棉运销合作社社长　　　签字 　　　　　　　经手人　　　签字 中华民国　　　年　　　月　　　日

（十二）联合会缴花存根及收据

<table>
<tr><td rowspan="5">存
根</td><td colspan="4" align="center">兹收到　　　　　　村社缴来花衣</td></tr>
<tr><td align="center">数量</td><td></td><td align="center">品级</td><td></td></tr>
<tr><td align="center">价额</td><td></td><td align="center">当日市价</td><td></td></tr>
<tr><td colspan="4">此据</td></tr>
<tr><td colspan="4" align="right">经理人　　　　</td></tr>
<tr><td></td><td colspan="4" align="center">中华民国　　　　年　　　　月　　　　日</td></tr>
</table>

会字第　　　　　　　　　　号

<table>
<tr><td rowspan="5">缴
花
收
据</td><td colspan="4" align="center">兹收到　　　　　　村社缴来</td></tr>
<tr><td align="center">委销花衣</td><td align="center">万　千　百　十　斤</td><td align="center">品级</td><td></td></tr>
<tr><td align="center">价额</td><td align="center">千　百　十　元　角</td><td align="center">备注</td><td></td></tr>
<tr><td colspan="4">此据</td></tr>
<tr><td colspan="4" align="right">梁邹美棉运销合作社联合会主席　　</td></tr>
<tr><td></td><td colspan="4" align="center">中华民国　　　　年　　　　月　　　　日</td></tr>
</table>

（十三）社股存根及收据

<table>
<tr><td rowspan="4">存
根</td><td align="center">社员姓名</td><td></td><td align="center">认购股数</td><td></td></tr>
<tr><td align="center">应缴金额</td><td align="center">百　十　元</td><td align="center">现缴金额</td><td align="center">百　十　元</td></tr>
<tr><td colspan="4" align="right">经手人　　　　</td></tr>
<tr><td colspan="4" align="center">中华民国　　　　年　　　　月　　　　日</td></tr>
</table>

字第　　　　　　　　　　号

<table>
<tr><td rowspan="7">社
股
收
据</td><td colspan="4" align="center">今收到</td></tr>
<tr><td align="center">社员姓名</td><td></td><td align="center">认购股数</td><td></td></tr>
<tr><td align="center">应缴金额</td><td align="center">百　十　元</td><td align="center">现缴金额</td><td align="center">百　十　元</td></tr>
<tr><td colspan="4" align="center">以俟金额缴足再行换领正式股票此据</td></tr>
<tr><td colspan="4" align="right">社长　　　　</td></tr>
<tr><td colspan="4" align="right">司库　　　　</td></tr>
<tr><td colspan="4" align="center">中华民国　　　　年　　　　月　　　　日</td></tr>
</table>

（十四）会股存根及收据

存根	会员姓名		认购股数			
	应缴金额	百　十　元	现缴金额	百　十　元		
				经手人		
	中华民国　　　　年　　　　月　　　　日					

字第　　　　　　　　　　　　　号

会股收据	今收到					
	会员姓名		认购股数			
	应缴金额	百　十　元	现缴金额	百　十　元		
	以俟金额缴足再行换领正式股票此据					
	梁邹美棉运销合作社联合会主席					
	会计					
	中华民国　　　　年　　　　月　　　　日					

（十五）账簿名称表

社名		目　　　　录			
		科目	起止页数	科目	起止页数
账名					
号数					
页数	本账共　页				
启用日期	中华民国 年　月　日				

社名		目　　录			
		科目	起止页数	科目	起止页数
主席署名盖章					

（十六）经管本账人员一览表

职务	姓名	盖章	接　管			交　出			备考
			年	月	日	年	月	日	

（十七）入会申请书

社名		社员人数		社股总额	
职员姓名					
成立日期		棉田亩数			

　　敬启者　敝社　今愿遵

　　贵会章程之规定，请愿加入　贵会为会员，凡会中一切章程以及根据章程所订定公布之规例，皆愿敬遵谨守。即希早公决许可为荷！此上

　　梁邹美棉运销合作社联合会

　　　　　　申请社代表人　　　　　盖　章

中华民国　　　　　年　　　　月　　　　日

（十八）许可入会通知书

　　敬启者本会同人对于　　　月　　　日

　　贵社请愿入会一事，于　　　年　　　月　　　　日决议承认。

特此通知，希即将照章应纳之"会员股"　　　股合洋　　　圆于

日内清缴，并请即日亲来本会在章程后方署名签字为盼！此致

村美棉运销合作社　梁邹美棉运销合作社联合会主席

中华民国　　　　　年　　　　月　　　　日

（十九）村社概况考察表

考察人姓名		考察日期	
考　察　注　意　事　项			
棉苗状况	1. 现有亩数（官亩）	2. 种植是否得法	3. 有无灾害	4. 平均每亩收量
春季贷款情形	5. 发放数目与社员借款愿书是否相符	6. 领取贷款路费如何处理	7. 社员对贷款意见
职员及社员	8. 有无纠纷	9. 能否记载新式账簿	10. 社员识字人数
办理二次贷款手续	11. 借款人数及借款总额	12. 抵押籽棉数	13. 借款愿书已否填齐
征收新社员	14. 人数	15. 棉苗亩数	16. 借款数额
劝购轧花车	17. 购买部数及种类	18. 每部价值	19. 价款交法
其他		考察意见	

会计规程

甲　总　则

一、凡本会一切账务，统须依照本规程办理之。

二、凡本会各种应用账簿表单之名称式样，均由会务委员会议决制定；各会员社所用者，亦由本会制印，发给应用。

三、本会为适应乡村习惯，便利农民应用起见，各种账簿表单用毛边纸竖印直写中国数目字；名数单位均附页首，无庸每笔注写。

四、账内字迹须清楚整齐，不得草率模糊；大小以占格内三分之二为标准。

五、账内误写错字，不得任意涂改圈跨或将账页撕去。

六、误写错字须用纸条贴补重写，线位划错应于两端作叉销去；重写及叉销处，均须加盖记账员图章。

七、各种账表内单位，金额以元，重量用斤。

八、账表内金额小数以分位为止，厘以下，则六入五舍之。

九、凡一切贷款及各项用款之支付凭单，均须经主席复核无讹盖章后，始得支付。

十、账簿启用时，须于首页名称表内，注明账簿名称号数页数及启用日期，并由主席签名盖章。

十一、记账员管账之初，应于账簿末页管账人员一览表内填明个人姓名职务及接管日期；交替时再填注交出日期，并盖章证明。

十二、凡已经用完之账簿表单，均须分别编号订册，妥为收藏，并制目录备查。

乙　会计科目

十三、本会会计科目，计分三类、三十九种如下。

（一）负债类

（1）会员股金：简名"会股"；凡会员合作社股金之认缴续购及退还均属之。

（2）透支往来：简名"往来"；凡与各银号往来透支款项，归此科目。

（3）暂记存款：简名"暂存"；凡收入款项，含临时悬记性质者，归此科目。

（4）借入款：简名"借入"；凡借用会外或会内款项，均归此科目。

（5）委销价款：简名"委销"；凡会员合作社棉花价款之缴收发领，归此科目。

（6）应付账款：简名"应付"；凡赊欠他处款项，归此科目。

（7）会股利息：简名"股息"；凡会员社股金每年提付之规定利息，归此科目。

（8）公积金：简名"公积"；凡在盈余内按照章程规定提存之公积金，归此科目。

（9）公益金：凡在盈余内，遵照章程规定提存之公益金，归此科目。

（10）职员酬劳金：简名"酬金"；凡在盈余内提出之职员酬劳金，归此科目。

（11）会员余利：简名"余利"；凡遵照章程在盈余内提出之返还会员合作社余利，归此科目。

（12）特别公积金：简名"特金"；凡以他种收益提充公积金而为章程所未及规定者，归此科目。

（13）前期损益：凡前期结算后纯益转入本期账内时，归此科目。

（二）资产类

（14）现金：凡会内一切收付款项，均归此科目。

（15）存放银行：简名"存放"；凡存放于银行之款项，归此科目。

（16）往来存款：与负债类透支往来科目同；但此科目之余额在收方。

（17）暂记欠款：简名"暂欠"；凡临时悬记之欠款，归此科目。

（18）存货：凡收进会员社或会外之棉产品，及其他货物，归此科目。

（19）开办费：凡筹备开办期内之一切开支，归此科目。

（20）办事处备用金：简名"备用"；凡支付各办事处备用之款项，归此科目。

（21）加工用机器：简名"机器"；凡加用各种机器，归此科目。

（22）营业用器具：简名"器具"；凡总会及各办事处一切营业用具，归此科目。

（23）呆账：凡雇收无着，经会务委员会议决列入呆账之款项，归此科目。

（24）放款：凡本会贷放会员合作社之款项，归此科目。

（25）应收账款：简名"应收"；凡他处赊欠款项，归此科目。

（26）催收款项：简名"催收"；凡到期不能归还或偿还未清之放款，归此科目。

（27）营业用房屋地皮：凡总会及各办事处应用房屋地皮，归此科目。

（28）前期损益：凡前期结算纯损，转入本期账内，归此科目。

（三）损益类

（29）利息：凡借入款放款利息之收付，均归此科目。

（30）棉花：凡棉花价款之收付，均归此科目。

（31）棉种：凡棉种价款之收付，归此科目。

（32）兼营购买：凡兼营购买款项之收付，归此科目。

（33）杂项损益：凡无正当科目可归之损益，归此科目。

（34）摊提新旧费：凡每期结算摊提之机器家具房屋地皮开办费等新旧费用，均归此科目。

（35）营业费：凡各项营业费用开支均归此科目；内分十五子目：馔食费，交际费，书报费，邮电费，广告费，装修费，旅费，油炭费，茶水费，印刷费，文具费，薪金工资，捐款，杂支。

（36）加工费用：凡轧花打包等费用之卅文，归此科目。

（37）运输费：凡棉花棉种之运送费用，归此科目。

（38）保险费：凡存货房屋机器保险费用，归此科目。

（39）办事处费用：凡各办事处之开支费用，归此科目。

丙　记账凭单

十四、凭单亦名"传票"，为记账之重要凭证；无论现金收付，或转账收付，均须先制凭单，再据以登账。

十五、本会凭单暂定以下三种。

（一）现金收入凭单

梁邹美棉运销合作社联合会　　　收入凭单　　　第　　号

摘要	金额	
合计		

附件　　纸　　　　　　　　年　月　日

（二）现金支付凭单

梁邹美棉运销合作社联合会　　支付凭单　　第　号

摘要	金额	盖
合计		

附件　　纸　　　　　　　　年　月　日

（三）转账凭单

梁邹美棉运销合作社联合会　　转账凭单　　第　号

摘要	金额	摘要	金额	
合计		合计		

附件　　纸　　　　　　　　年　月　日

十六、造具各种凭单，须将下列事项，一一记入——

1. 会计科目

2. 交易事实

3. 金额数目

4. 年月日

5. 加附凭证

6. 人名或机关

7. 其他重要事件

十七、凭单每张只列一项交易；如遇一项交易而有数种科目者，其科目均列于一凭单内。

十八、凡有下列各项收付凭证之交易记账时，亦应照制凭单——

1. 会股收据

2. 棉花收据

3. 其他收付款项凭证

十九、凡与各该交易有关之单据凭，证均须附于凭单之后，并于凭单未行，注明附件若干纸。

二十、各种单应于每日晚统编号码，收入在前，支付次之，转账最后，按序理齐记账。

二十一、现金收入及支付凭单，应于现金收付后加盖收讫或付讫戳记。

二十二、各种凭单登账后，应于每日或每旬日加附纸面用纸捻订成一册，由主席加盖骑缝印章，妥慎保存。

二十三、凡订册之凭单，非经主席允许，不得拆订。

丁　账簿

二十四、本会账簿计分两类如下。

（一）主要账

日记账——凡一切现金或转账收付凭单，均应按照科目种类，分别收付，顺序登记。登完，先将当日收入各笔结一总数，写在收入栏末一笔账的后一行；付出各笔结一总数，写在付栏对着收栏总数的行内。再将前日结存现金数写在收栏总数的次行，本日所存现金数用红笔写在付栏总数的次行。然后再以收入总数加前日结存现金数，得本日收栏结数，写在前日结存数的后一行；付出总数，加本日结存现金数，得付栏结数，写在付栏本日结存数的后一行；如上下两结数相等，账就算对。随后，在收付两栏的总数及结数的右边，各画红线一道。再于两栏结数的左边，画红线两道。再于收栏或付栏的空行处，斜着画红线一道，表明这一天的账已经结算。

△日记账式

页数

民国年 月 日		总账页数	收		数目						
月	日		科目	摘要	万	千	百	十	元	角	分

民国年 月 日		总账页数	付		数目						出
月	日		科目	摘要	万	千	百	十	元	角	分

（说明）此账分左右两栏；左栏记收入，右栏记支出。"科目"一格，专填收入或支出款项的归类名称；如乙节所述。"总账页数"一格，是指明这笔账过入总账的第几页；每笔过完之后，都要随手填写。"年月日"格：年分每页只填一次，"如民国〇〇年"格内空档，填入本年年份就是；月份如在五月，即在月份格内填一"五"字，八月填一"八"字，日子填法亦同。"数目"格内数目，都按大洋计算填写，至分位为止，以下五舍六入。譬如收入大洋一百元零九角五分，即在左栏数目格内从百起，向右挨格填入"一〇〇九五"五个字就是，不用再写百十元角分等字。"页数"编号，从第一页起，在首角上"页数"格内填一个"一"字，第二页填"二"字，余类推。要注意的：一页是指左右两面说，一面只算半页。账簿启用，普通都从第一页的左半页起。"摘要"格，是填收款或付款情形的；比如收款时候，款是谁付来的，为什么付来，及其应该记入的话。

总账——此账以科目为主，根据日记账之各科目数额，除现金科目外，俱各反其收付一一转记，收付相抵之数记入余额栏作当日填具日计表之根据。月终应将每一科目收付两栏数目各结一总数，互相抵冲，验其余额栏记载数目是否正确无误。

（说明）第一行"户名"二字，即日记账上之科目格，下填写每一科目的名称。至每一"户名"所占页数多少，要看该科目内包括的事情多少。"日记页数"格，是与日记账中"总账页数"的意思相仿，在说明总账中的每一笔账，是从日记账那一页过来的，以便查考。"收项"格内的数目，是过入日记账中支付的款；"付项"，是过日记账中收入款的。反过来说：日记账中收入的款，要过入总账的"付项"；支出的款，过入总账的"收项"。反正一句话：总账的收付，是与日记账相反的。理由详后。"余额"格是填每一户名收付数目差额的。如收项比付项数目多，那么就在"收或付"格内写一"收"字；所多的数目，填入"余额"格。反之，收项比付项少，"收或付"格内写一"付"字；所少的数目，也填

△总账式

页数　　户名　　日记页数

民国年		摘要	收项							付项							收或付	余额						
月	日		万	千	百	十	元	角	分	万	千	百	十	元	角	分		万	千	百	十	元	角	分

入"余额"格。"年月日"及摘要等格，前已说过，不再多讲。

（二）补助账

会股分户账——凡会员合作社缴入会股，根据凭单所载社名、认购股数、缴纳日期、金额收据号数，一一登入。至发给股票时，注填股票号数；年度结算后，注填股息支付日期。

委销分户账——此账功用，在说明委销价款科目的内容；凡会员社缴花等级数量，单价总价，收据号数，统照凭单所载记入。

放款分户账——凡会员借用本会款项或由本会转借款项，均应依据凭单将借款社名、金额、日期、利率、愿书号数，一一登入。至偿还时再填注日数、利息、清结、日期各项，以资查考。

其他补助账——凡日记账内所有各种科目，俱可按其账项繁简，随时添设分户账，以资详明。

戊　表单

二十五、本会表单分以下两类。

（一）正式表单

1. 试算表　这是第一步的结算表。每月一份，在结算总账以后作出；意思是在证明这一月的账，有无错误。（附表一）

（说明）先在表的第一行填写年月日，次就"科目"格，填各项科目的名称；"收项"格填总账各科目该月收项的余额，"付项"格填总账中各项科目的当月付项余额。然后将收付两项科目的数目，各结一个总数，分别填入合计栏的收付两项数目格内；如果账上记的没错，那么收付两项的合计数，一定相等。

2. 损益表　损益表每年一次，是根据试算表做成；意思在表示合作社一年营业的损益结果。凡总账上货品及利息科目付项的余额，谓之利益；其收项余额及营业费，均为损失。利益多过损失的

△补助账式

页数	民国年 月 日	日记页数	户名	认缴（股数 千 百 十 元 角 分）	会员社号	退还（股数 千 百 十 元 角 分）	结余（股数 千 百 十 元 角 分）	入会 年 月 日	股证号数	股息支付 年 月 日 十 元 角 分	附注

△委销分户账式

页数	民国年 月 日	姓名	总账页数	摘要	品级	单位价格	收项（千 百 十 元 角 分）	付项（千 百 十 元 角 分）	余额（千 百 十 元 角 分）	收据号数	重量合计（万 千 百 十 斤 半）

△放款分户账式

页数	民国 年 月 日	总账页数	借约号数	借款人 摘要	利率 借入						担保人 付还						结欠						利率 日数	利息				清结 年 月 日
					千	百	十	元	角	分	千	百	十	元	角	分	千	百	十	元	角	分		十	元	角	分	

数，叫做盈余；反之，就是损失。（附表二）

（说明）先将关于损失的各科目填入中间"科目"格内，各科目的利益数目填入"利益"格，损失及由利益减除损失的盈余填入"损失数目"格；再把收付双方的数目结总填入"合计栏"，相等就对。

3. 资产负债表　此表根据试算表及损益表作成，每年一次；意思在计算合作社财产数目与债务数目孰多孰少，相差若干。资产比负债多，营业就是进步；反之，就是退步。如果负债比资产数目大的太多话，合作社就不得了，非破产不行；所以这表的关系，十分重要。属于资产的科目（一）现金，（二）放款，（三）营业用具，（四）存出款；属于负债的科目（一）借入款，（二）暂记存款，（三）公积金，（四）公益金，（五）职员酬劳金。从资产总数中，减去负债总数，余数就是盈余。（附表三）

（说明）先将关于资产及负债各科目名称填入"科目"格；再将资产各科目的数目填入"资产"的数目格内，负债各科目的数目及盈余数目填入"负债"的数目格，然后将资产及负债的合计数结算出来，两方适抵就完。

4. 财产目录　这是最后的一种结算表，根据总账及各补助账填写做出，也是每年一次，意思在计算合作社共有动产（现金、存出款、营业用具等）多少，不动产（房屋地基等）多少，负债（借入款、社股等）共有多少。（附表四）

（说明）动产及不动产栏的"种类"格填写物品名称，"摘要"格填件数及其他要紧应记的话，"原价"格内填物品的买价洋数，"估价"格填现时值洋数目，"附记"格内填估价不同的理由。负债栏的"种类"格填科目名称，"摘要"格写号数及其他要紧应记的话，"数目"格填款项数目。最后将动产、不动产、负债三栏各一总数，填入"合计"格就得。

5. 日计表——此表每日由会计部根据总账内各科目之余额填造，验其有无错讹，并示每日财产之增减变化，送请会务委员会及指导监督机关备查。（附表五）

（附表一）

月底试算表

民国　　年

科目	收项							付项						
	万	千	百	十	元	角	分	万	千	百	十	元	角	分

（附表二）

月底结算损益表

民国　　年

科目	损失							利益						
	万	千	百	十	元	角	分	万	千	百	十	元	角	分

（附表三）

民国　　年　　　　　月底决算资产负债表

科目	资产							负债						
	万	千	百	十	元	角	分	万	千	百	十	元	角	分

（附表四）

民国　　年　　　　　月底财产目录

财产种类	会计科目	摘要	原价	估值	备考

（附表五）

付（项）								科 目	收（项）							
十	万	千	百	十	元	角	分		十	万	千	百	十	元	角	分
								现金 ／ 会员股金								
								存放银行款 ／ 委销花价								
								运销放款 ／ 公积金								
								轧花放款 ／ 公益金								
								应收账项 ／ 特别公积金								
								办事处备用金 ／ 滚存金								
								器具 ／ 借入款项								
								机器 ／ 借入轧花贷款								
								装修费 ／ 应付账项								
								营业费 ／ 兼营购买								
								轧花、榨包加工费 ／ 杂项损益								
								运输费								
								存货								
								暂记款项								
								合计								

（二）附属表单

6. 收花旬报表——此表由各办事处所，按旬将各会员合作社缴花等级数量，填报总会。（附表六）

7. 会员社缴花计价表——此表由会计部于年度清算前，按照委销分户账将全年各社缴花等级数量价格，汇算总数，填报会务委员会。（附表七）

8. 会员社借款本息表——此表亦系由会计部于年度结算前，依照放款分户账将各社每年借款本息，填报会务委员会。（附表八）

9. 分发花价总清表——此表应于每届结算时，将各社应得花价连同退还余利，扣除借款本息，余数应领应补，汇计后，填报会务委员会备查。（附表九）

10. 营业管理费用明细表——此表每年填造一次。（附表十）

11. 加工费用明细表——此表每年填造一次。（式样见前）

12. 运输费用明细表——此表每年一次，式样同营业管理费用明细表。

13. 盈余分配单——此表应由会计部于每年结算后，依照章程规定，分配数目填造。（附表十一）

己　结算

二十六、总会及各办事处依据呈报政府核准章程规定，每年办理决算一次，以每年一月三十一日为结算期。

二十七、结算期前，应将关于损益各科目内应付未付款项，详细查明付账；其往来暂记存欠各账，亦应详细查阅，能结清者尽结算期前清结转账。

二十八、每结算期，应将开办费、营业用房屋地皮家具机器，按照各该科目账内余额，分别摊提相当成数，转入摊提折旧费账。

（附表六）

会员社名	会号	缴花数量			备考
		特等	甲等	乙等	

（附表七）

社名	特等		甲等		乙等		次日		霜红		总计		备考
	重量	价额	重量	价额	重量	价额	重量	价额	重量	价额	重量	价额	

（附表八）

社名	春季		秋季		总计		备考
	本金	利洋	本金	利洋	本金	利洋	

（附表九）

社名	应领		扣除款		余额		备考
	价花	余利	借	利息	领回	补交	

（附表十）

项目	总事务所	办事处				总计	备考
		第一	第二	第三	第四		

（附表十一）

盈余金额	会计科目	分配金额

二十九、每年一月三十一日应将所有各账结算一次，并于总账内添设本期损益户，将结账后各损益科目余额栏数，分别收付转入本期损益账户；其收付两栏相抵后之余额，即系本期之纯损益数目。于次期开业结转日记账时，再以前期纯益科目登入之。

三十、每结算期于账簿结算完毕，应制成以下各表：（1）营业实际状况报告表，（2）贷借对照表，（3）损益表，（4）财产目录，（5）营业费用明细表，（6）加工费用明细表，（7）运输费用明细表，（8）会员社缴花计价表，（9）会员社借款本息表，（10）分发花价总清表，（11）盈余分配表。由会务委员会，报告会员代表大会。

庚　附　则

三十一、本规程由会务委员会通过施行。

三十二、本规程如有未尽事宜，由会务委员会议决修改之。

会议纪录

甲　会员代表大会

（一）会员代表大会纪录

时间：二十三年六月四日上午九时

地点：山东乡村建设研究院大礼堂

出席代表：一百三十二人

参加人员：梁院长　秦亦文　于鲁溪　陈镜人　任子正

主席：郭俊荣

纪录：李郁亭

（a）讲演

1. 梁院长讲演纪略

记得从前在合作讲习会的时候，曾对大家谈过一次关于合作社组织的话。合作的要紧，最好从反面来看。反面就是不合作，彼此各不相顾，各不相谋；这是过去最使乡下人受欺吃亏的地方。现在国内各地的合作事业，很时兴、很风行，尤其是棉花运销合作嚷的更有劲。规模大的有，小的也有；设立几年的有，正在成立的也有。不过各处的办法，都同我们不大一样。一般都是先由政府或银行设了大规模的轧花厂，用现钱以市价或者高一点的价，来收买乡下人的棉花，棉花卖过轧花厂后，乡下人就不问了。虽说棉花卖过以后的盈余，还分给棉户；事实上并不多见。这样的办法虽然容易叫乡下人放心，觉得省事；但是结果，乡下人是被动的：无主权，受人支配，终究要吃亏。原来道理就是这样：无论什么事情，越图省事，越被支配，就越要吃亏。人活着本是费事，绝不能光图省事。

我们的合作社是从小处一步一步慢慢作起的。二三年来，各社轧花打包，都是用人力，小规模的。院县同人，只作些诱导引发的工夫，在物质上，并没有像别处几千几万的花钱；实在说，我们也是没有钱可花。直到现在合作社本身稍有基础，才要预备设一处轧花厂，——由联合会作主使用，主权还是操在大家手里，与别处办的大不相同。我常与指导合作的同人谈："我们不要积极扩大范围，一时间成立几十处新社，增加几万亩棉田；我们要着重实际，引发出乡下人自力办的合作社，那才有意义。"

今天，给大家说这些话，无非想叫大家明白：一切的事情，眼前越图省事，越趋被动，以后就越受支配，越要吃亏。合作社得要大家自己来作才行。大家力量不够的时候，政府可以暂时协助帮忙，等到大家明白了，力量大了，就得大家自己来作。前次办讲习会，就是为的这个意思。研究院设立在邹平，也是为的给乡下人开一条道，叫乡下人好有办法。一村的事情要靠一村的多数人作主，一乡的事情要一乡的多数人来打主意；推而至于一县一省一国，都要如此。这样乡村有了办法，国家也自然有办法。所以我们合作社职员的选举十分重要，同乡下人被动的情形完全不一样。我们的职员，是要靠他办事的；目前虽然不能多靠，也得少靠，绝不能不靠。大家明白了这些意思，希望选举的时候要仔细，要慎重！别马虎，别随便！免得选的不得人，将来糟糕，对不住过去两年的事业。还有，就是职员选定以后，各位代表，对于会务还要多操心，多负责任！

2. 于鲁溪先生讲演（词从略）

3. 秦亦文先生讲演（词从略）

（b）讨论

1. 梁邹美棉运销合作社联合会章程，早经拟就，请逐条审查

修正案　议决：修正通过。

2. 本年春季贷款，如何办理案　议决：由新选主席查照上届成案向银行商洽借款，贷款时应以社员出齐棉苗数为标准。"通过。"

（c）选举

选举结果：孙子愿、刘嗣疆、李郁亭、李晓峰、吕景贤、宋守泽、徐次菖、王凤仪、王鉴堂、王毓荚、李运瑞、韩现琯等十三人得票较多，当选为联合会会务委员。

（d）散会

乙　会务委员会

（一）第一次会务委员会议纪录

时间：二十三年六月四日下午三时

地点：研究院礼堂

出席人员：王凤仪、王景珍、宋守泽、徐次菖、王毓荚、刘嗣疆、李郁亭、王鉴堂、李运瑞、韩现琯

缺席人员：孙子愿、李晓峰、吕景贤

参加指导人员：梁院长、秦亦文、于鲁溪、陈镜人、任子正

主席：李郁亭

开会如仪

（a）报告（略）

（b）讨论

1. 选举本会主席案　议决：选举孙子愿为本会主席。

2. 加聘郭俊荣、蔡志璞为本会办事员，请公决案　议决："通过"。

3. 棉苗贷款数额，应如何规定案　议决：按棉苗亩数计算，每一官亩，以三元为标准。"通过"。

（c）散会

（二）第二次会务委员会议纪录

时间：二十三年九月十三日下午一时

地点：本会县城办事处

出席委员：王鉴堂、王毓荄（景敬修代）、李运瑞、孙子愿、刘嗣疆、李郁亭、李晓峰、吕景贤、王景珍、宋守泽

缺席委员：徐次菖、王凤仪

参加指导人员：钱邦楷、任子正、于伯良、陈以静

主席：孙子愿

纪录：李郁亭　开会如仪

（a）报告事项

1. 第一二两次美棉贷款情形：第一次贷款总数五万零八百二十六元，第二次贷款总数七万九千七百五十一元，两次共计贷款洋一十三万零五百七十七元。

2. 本会已收到各会员社股金洋五百二十五元，并由本会掣给临时股据。

3. 各社员向各该村社认购社股情形。

4. 本会各办事处成立　县城办事处由研究院农场派员担任，花沟镇办事处主任请会务委员王景珍担任，高洼庄办事处主任请会务委员李运瑞担任。

5. 本会打包机原有一架不敷应用，昨特请托于鲁溪先生由济南购到三架，每架价洋八十元；现已运来，不日即分发各办事处应用。

（b）讨论事项

1. 主席提议：本会第二次美棉贷款，业已发放完竣，似应派员按社逐户考察，以昭慎重案。决议：由会务委员带各社员第二次贷款细数表，分头赴各村社逐户调查。各委员分配调查村社如下——李晓峰：龙虎村社、孙坊村社、榆林村社、高旺村社、宫旺村社、李宫村社、李星耀村社。王景珍：张家村社、魏家村社、岳家

村社、天师村社、沟王村社、石槽村社、贾寨村社。吕景贤：吉祥村社、龙桑树社、吕家村社、双柳树社、前陈村社、花沟村社。王毓荚：惠辛村社、颜家集社、二辛村社、东左家社、田家村社、窝村社、牛家村社、明家集社、耿家村社、柴家村社、仓廪村社、高洼村社。李运瑞：东辛梁镇社、西辛梁镇社、杨家村社、菅家村社、于家村社、宋家村社、大碾村社。韩现琯：孔家村社、张家村社、崖镇社、颜郭村社、北杨村社、刘聚桥社、南郑村社、马家村社。王凤仪：玉章村社，大王坨村社、宋家村社、波踵店村社、王家村社、甲子村社、韩家店社、小王坨村社、耿家村社。宋守泽：魏家村社、刁家村社、张家套社、东言礼村社、穆王村社。刘嗣疆：逯家村社。王鉴堂：南范村社、鄢家村社。李郁亭：党里村社、辉李村社、赵家村社、曹家村社、车郭村社、小三户村社、高家村社。徐次菖：王伍村社、周家村社、蔡家村社、霍家村社、时家村社、孟家村社、安刘村社、大陈村社、信家村社。孙子愿：孙家镇社、大李村社、冯家村社、道民村社、长怀村社、九成村社。

以上各该负责调查人员，限九月十七日调查完竣，并将调查结果，详细报告本会。所有此次调查饭费，每人发给饭费洋一元；刘嗣疆先生自己声明因社少不领发给饭费，王鉴堂先生一天可调查完竣，发给饭费洋四角。"通过"。

2. 主席提议：本会对于各社员委托购买轧花机一案，应如何办理？请公决。　决议：公推陈镜人、李晓峰前往天津郭天成号商洽购买，运送到县，以资分发。"通过"。

3. 主席提议：本会社讯印刷费，经研究院允予资助，每期以二十元为限，不足数由本会担任，可否？请公决案。　决议："通过"。

4. 主席提议：社讯简章七条，业经拟就，并在第一期社讯上刊布，是否有当？请审查修正案。　决议："修正通过"。

5. 主席提议：本会事务所占用孙家镇南庙房舍，不敷应用，昨经赁妥该镇西街民房一所，为专收花衣及打包存货之用，全年赁价洋二百三十元，请追认案。　决议：追认。"通过"。

6. 主席提议：第二次美棉借款合同，已于九月四日与济南中国银行商妥签订，请追认案。　决议：追认。"通过"。

7. 主席提议：本会各社集中轧花及减轻成本起见，与高洼庄福利轧花厂订立轧花合同，工资照普通人力工资七成支付，所有八九等乡各社之籽棉，拟统交该厂代轧；该合同，已于九一日订妥，请追认案。　决议：追认。"通过"。

8. 主席提议：仓廪村社社长王泮亭、柴家村社社长柴念沣、高洼村社社长景敬修等，发起组设动力轧花厂，向本会请借轧花机贷款，拟照动力机可酌增贷款之规定，贷予洋四百元，所有八九等乡村社社员，一律免贷轧花机贷款，是否可行？请公决案。　决议：照案"通过"。

9. 主席提议：本会会计规程，现经拟就，计分七项、三十六条，是否有当？请审查公决案。　决议："修正通过"。

10. 主席提议：收花分等办法现经拟就，可否？请审查公决案。　决议："修正通过"。

11. 主席提议：村社收花简则及轧花简则均经拟就，可否？请公决案。　决议："通过"。

12. 主席提议：拟聘李秀儒为本会会计员，请公决案。　决议："通过"。

13. 委员李运瑞提议：拟聘惠雨臣为高洼庄办事处会计员，请公决案。　决议："通过"。

（c）临时动议

1. 主席提议：本会一切琐碎事务，如修秤，买席，购置包布、包绳，及雇用工人等如何办理案。　决议：由主席负责分别办理。

（d）散会。

（三）第三次会务委员会议纪录

时间：二十四年一月二十日上午九时

地点：本会会议室

出席人员：孙子愿、宋守泽、吕景贤、王鉴堂、王凤仪、徐次菖、李运瑞、王毓荚、王景珍

参加人员：乔礼卿、任子正、钱子范、陈镜人、于鲁溪、于伯良、蔡志璞、郭俊荣、李秀儒、王鸿祥

缺席人员：李晓峰、韩现琯、刘嗣疆、李郁亭

主席：孙子愿

纪录：李秀儒

开会如仪

（a）报告事项

1. 主席报告联合会收花及运销情形，略谓：本会及各办事处，自二十三年十月二十二日开始收花，截至本月十日止，已收完竣。大家虽然受了几个月的辛苦，心里却是得到了一点安慰；安慰的什么？就是我们所办的收花及运销种种事情，大致都很顺利，没有发生错误的地方，也没遇着最难解决的问题。所以就是忙碌，也觉得安闲；就是劳苦，也觉得有兴趣。

本处的棉花，因早霜之故，减收数成，真是当初意想所不及；但售卖价格，较往年昂贵得多，实为我们最满意的一点。各批棉花，现在均分别卖妥；售卖的情形和价格，大家都知道，无庸再说。

本会收花定价，因种种关系，不能变更。惟后来棉价高涨，原定之价，反比市价为低，故拟照价加成，以作成本；余者作为余利，按章分配。

本年棉籽，除留用一部分外，余者拟向外销售，如何办理，尚须商酌。现在本会轧花厂共存有六万余斤，本会收花区内各社，总计有二十五万斤。至各办事处详细情形，请各位分别报告。

2. 陈镜人先生报告轧花厂情形及兼营购买轧花机车情形。（从略）

3. 王景珍报告花沟办事处情形：（一）共收纯白皮棉三万三千

三百一十九斤半，打成一百七十六包；共收次白及红花一万二千五百一十四斤，打成六十九包。（二）各社现存棉籽共九万余斤。（三）营业费共支九十六元七角四分，运费三十九元六角，器具费十三元二角，共计支洋一百四十九元五角四分。

4. 李运瑞报告高洼庄办事处情形：（一）共收各等籽棉十五万八千七百二十七斤半，共收各等皮棉四万六千二百四十四斤半；纯白花计打成四百四十八包，各等次白及红花共打成四十三包。（二）轧出棉籽十一万余斤，连各村社所存者，约计有廿万斤。（三）营业费及各种费用，因未结算，尚无确数。

5. 乔礼卿先生报告县城办事处情形：（一）共收纯白籽棉五千四百一十一斤半，皮棉二千七百三十六斤，计打成二十二包。未收次白棉花。（二）营业及各种费用亦寥寥，共计支洋二十四元七毛九分。

6. 于鲁溪先生报告：县城附近各村，在过去几年，未有种棉者；今年所收棉花虽不多，但足已证明了棉业推广发生极大之效力。合作的功效，亦由此看出。吾们知道棉花运销之数量愈多，愈有出路；因为大量之棉产品，始足以引起棉业界之注意也。

（b）讨论事项

1. 主席提议：结账问题，应如何办理？请详细讨论公决案

决议：（一）贷款利息算法，统自借款日起，至结账日止（一月三十日）。春季贷款利息按七个月计算，秋季贷款按五个月计算。（二）计算利息时，凡在廿三年国历十一月内按定价交齐棉花数者，少算一个月利息，凡因被水灾秋季又未借款而能将款早交齐之村社，亦少算一个月利息。（三）各等纯白皮花，及特等甲等次白皮花，统照原定价加一成作为成本；乙等次白及红花，统照原定价加一成五；各等籽棉，无论次白及红花，统照原定价加一成。（四）各办事处人员，统集中联合会结账。（五）结账日期自明日起；各办事处人员须统到本会，限本月廿八日完全结算完竣，通知各社于廿九日（阴历十二月二十五日）领款。（六）发款时分在各

办事处办理。各村社一律将账项结清，携带账簿、收据、图章及名章，并开具社员缴花等级清单，分到各发款地点领款。"以上均通过"。

2. 主席提议：棉种价格，如何规定，以便收集案　决议：（一）棉种收集时，宜按等给价，计分特、甲、乙、丙四等；特等二十二元，甲等二十元，乙等十九元，丙等十八元。（二）大白籽在八成以上者为特等，灰褐籽在七成以上者为甲等，在六成以上者为乙等，在五成以上者为丙等，不及五成者拒收。（三）次白棉籽，无论优劣，一律不收。　"以上均通过"。

3. 主席提议：棉种如何收集案　决议：（一）各社棉籽，统送孙家镇本会过秤付款。（二）自明日起分在孙家镇，花沟镇，崖镇韩家店，明家集，辉李庄，王伍庄，辛梁镇等处张贴报条，收买棉籽，并电知各乡学协助办理。（三）收集棉籽人员，决定由于鲁溪先生、李郁亭、郭仁绂、蔡志璞验评等级，梁世文、王儒堂过秤，宋守泽、王凤仪画码，并由县政府第四科调工友四名帮忙。"以上均通过"。

4. 第二批棉包，已运济，由何人前往办理案　决议：由主席及王委员毓莱明日起身赴济办理。

5. 本会轧花厂及高洼庄轧花厂现存棉籽，应如何估计价格案　决议：本厂特等棉籽按二十二元计价，甲等统按十九元计价；高洼厂棉籽统照十九元计价。　"通过"。

6. 高洼庄轧花厂工资，如何规定，以便支付案　决议：照轧出棉籽支付工资；每百市斤，支付工资洋三角五分。

7. 高洼庄办事处房租支付期限，如何规定案　决议：按五个月支付房价；每月六元，计三十元。

8. 本届利息收益，如何处分案　决议：以半数提作村社职员奖励金（奖励办法另定之），所余半数充作本会特别公积金。"通过"。

（c）散会。

重要文件

甲　呈文

（一）呈请　县府转函银行速发棉苗贷款公文

呈为呈请事：窃本会于六月四日举行会务委员第一次常会，关于美棉贷款事宜，详加讨论；当经议决"本年春季贷款应以社员出齐棉苗亩数为标准，借款条件由主席查照上届成案向银行接洽办理"，纪录在案。查各属社社员出齐棉苗亩数、业经先后造册送会复验竣事，计共二万三千零四十一亩。理合缮具清册，备文呈请钧府转请济南中国银行从速派员携款前来，以资转放而利进行。实为公便。谨呈

县长王

计呈

社员棉苗调查表一册

梁邹美棉运销合作社联合会主席孙子愿
中华民国二十三年六月十日

乙　训令

（一）县府令发合作轧花贷款暂行办法

山东邹平实验县政府训令　　　　　　　建字　第四八号

令梁邹美棉运销合作社联合会

案奉

山东乡村建设研究院训令第八七六号内开：

案查本院前据该县呈为拟定合作轧花贷款办法，并以廿一年度建设经临各款节余三千三百三十五元零九分，用作合作轧花贷款，请予鉴核备案，等情；当经指令并转请核示在案。兹奉

山东省政府指令实字第一四五三七号内开："呈暨附件均悉。案经提交本府第三百四十八次政务会议议决'照准'。仰即转饬知照。此令。附件存。"等因；奉此，合行令仰知照。此令。等因；奉此，合行抄发办法一份，令仰该会遵照。此令。

中华民国二十三年十月十一日

县长　王怡柯

△邹平实验县合作轧花贷款暂行办法

一、本县为使各村美棉运销合作社便利轧花，保持纯种起见，特订合作轧花贷款暂行办法。

二、合作轧花贷款数目暂定为三千三百卅五元零九分，以廿一年度农工费二千元，第四科经费结余二百九十五元九角一分，建设经常费节余九百六十一元八角八分，本县消费合作社节余七十四元，度量衡检定所节余三元三角，各款充之。

三、贷款数目，每轧花机一架，贷款二十元；但用动力机发动者，须按照实在情形酌量贷款。

四、轧花贷款，限于各村美棉运销合作社社员。每一社员贷款，不得超过一架之数；惟必须以合作社名义称贷。

五、各社请贷，须先向梁邹美棉运销合作社联合会报名，经该会查实转呈本府核准后，再由该会通知给予贷款。

六、本府向联合会拨发贷款，及各社向联合会借款手续，均商同联合会另定之。

七、此项贷款，如有拖欠不清情事，各社须对联合会负责，联合会须对本府负责。

八、如遇贷款不敷分配时，得酌予核减或停贷。

九、贷款偿还期限，不得过一年；各社须依限向联合会交款，该会再依限汇交本府。

十、前项贷款，免收利息。

十一、如查出贷款移作别用或延不购机，对各该社须酌予处罚。

十二、各社轧花及保种办法，须按照各社实际情形，商由联合会规定之。

十三、本办法自呈准山东乡村建设研究院备案之日施行。

（二）县府令发取缔棉花搀水搀杂暂行条例施行细则

邹平县政府训令　第 55 号

令梁邹美棉运销合作社联合会

案奉

山东省政府训令实字第八三九九号内开：

"案奉行政院第五二二二号训令内开：'案奉国民政府第六六号训令开："为令知事，查取缔棉花搀水搀杂暂行条例施行细则，现经制定，明令公布，应即通行饬知。除分令外，合行抄发该项细则，令仰知照，并转饬所属一体知照。此令。"等因；奉此，合行抄发该项细则，令仰知照，并转饬所属一体知照'。等因；奉此，查前奉令发取缔棉花搀水搀杂暂行条例，业经通令知照在案。奉令前因，除呈复并通令外，合行抄发原附件，令仰该县长知照。此令。"

等因；计抄发取缔棉花搀水搀杂暂行条例施行细则一份。奉此。除分令外，合行抄发该项细则，令仰该会知照。并转饬各村社一体知照。

此令。

计抄发取缔棉花搀水搀杂暂行条例施行细则一份。

中华民国二十三年十月廿日
县长　王怡柯

△取缔棉花搀水搀杂暂行条例施行细则

第一条　本细则依据取缔棉花搀水搀杂暂行条例之规定，订定之。

第二条　全国经济委员会棉业统治委员会为施行取缔棉花搀水搀杂暂行条例（以下简称本条例）设立中央棉花搀水搀杂取缔所，并酌设各省棉花搀水搀杂取缔所及分所；惟上海宁波汉口沙市青岛济南等埠，仍由实业部商品检验局及其分处检验取缔之。

第三条　关于各省棉花搀水搀杂取缔事宜之进行，由中央棉花搀水搀杂取缔所协助指导之。

第四条　各省棉花搀水搀杂取缔所，应酌量该省情形采用下列方式之下，组织之：

一、由产棉省份建设厅或实业厅设立棉花搀水搀杂取缔所，由中央棉花搀水搀杂取缔所协助之。

二、由全国经济委员会棉业统制委员会，会同产棉省份建设厅或实业厅合组棉花搀水搀杂取缔所。

三、由全国经济委员会棉业统制委员会于产棉省份直接设立棉花搀水搀杂取缔所，由所在省份建设厅或实业厅协助之。

第五条　各省以若干产棉县为区，每区设一取缔分所，施行该区棉花搀水搀杂取缔事宜。

第六条　每区之各产棉县之县政府应负责办理花行登记轧户登记秤手登记及宣传事项；各区县之公安局亦协助各该区分所，对于本条例之施行事项。其登记办法，由各省建设厅或实业厅订定施行。

第七条　棉商或棉农如将棉花故意搀水搀杂，经人向取缔所或分所告发或由取缔所检得，查有确据者，得由该取缔所派员向货主或其代理人所在地之公安局声请派警将该货主或其代理人拘局，送由县法院或兼理司法之县政府依法审理。

第八条　凡棉商（为纺织厂打包厂或花行等）遇有不知情，收买水分或杂质过量之棉花，经自行发见者，应立即报明该商所在地之棉花搀水搀杂取缔所或分所派员查明数量回所呈报。该商应负责迅即自行整理，俾合法定数量；整理工作完毕时，呈请原取缔所复验销案。如不投报经取缔所或分所，检得者，得照本条例第六条之规定向法院举发之。

第九条　本国棉花在市场买卖以含水分百分之十三为最高限度；但出国棉花之检验，仍照实业部商品检验局原定办法行之。

第十条　通常买卖棉花所含杂质，根据本条例第八条内载公订标准，暂定棉子子棉碎叶铃片棉枝沙泥等总重量占百分之一点五为公订杂质标准；如有其他杂质，得依据本条例第四条办理之。

如所含棉子子棉碎叶铃片棉枝沙泥等总重超过公订杂质标准百分之零点五以上者，或超过百分之零点五以内者，即依据本条例第八条或第九条办理之。

第十一条　对于棉花，搀水搀杂之取缔及处罚之检举，除实业部各商品检验局及分处暨各省棉花搀水搀杂取缔所或分所外，人民或团体不得假借名义借端索诈；违者作违法论，一经发觉，由各该地方县法院或兼理司法之县政府依刑法办埋之。

第十二条　棉花搀水搀杂取缔所及分所，对于查验棉花不得征收费用。

第十三条　各省棉花搀水搀杂取缔所，应依据本细则，并得酌量各该省地方情形，另拟取缔棉花搀水搀杂查验办法。此项办法由各该所主管机关送请各该省政府通过，施行之。

第十四条　本施行细则，以本条例施行之日行之。

丙　来函

（一）青岛华新纱厂来函

（1）

子愿先生阁下：前承

枉驾，快聆雅教，辄荣为惭；嗣奉

手书，猥承　齿友，弥觉颜汗！承

示前订花衣一车，可以如期运到，并将特等籽棉轧数十包，借资试验；具臻雅意。将来试用结果，自当详细奉达，以答厚爱。忽此奉布，即请

台安，并贺

岁釐

青岛华新纺织股份有限公司启　十二月三十日

（2）

敬启者：前由

贵会运到脱棉一百四十包（净重二一九点三三担），计合洋一万二千四百七十九元八角八分，比即函敝济处如数拨交济南中国银行收入

大册，并取来收条一纸暂存敝厂；用特函达，请

查照另具正式收据，前来掉换为荷！此致

梁邹美棉运销合作社联合会

青岛华新纺织股份有限公司启　二十四年一月九日

（二）济南中国银行来函

敬启者：青岛华新纱厂，前代

贵社交来洋一万二千四百七十九元八角八分，业已收妥；当经出具第廿二号临时收据一纸。该款除归还第一次借款外，尚余四千余元，即请

贵社派员将收据带齐，来行清算，以便结束为荷！此致

邹平梁邹美棉运销合作社

济南中国银行启（印）

中华民国二十四年一月初十日

（三）中央棉产改进所棉花分级室来函

敬启者：

前收到

贵社脱里司美种棉样一包，业经详细检验完毕。查该棉样织维细软，长度整齐，色泽精亮，品质可称优美，为国产棉花所少有。

兹奉上棉花分级检验报告单一纸，即希查照为荷！此致
梁邹美棉花运销合作社

中央棉产改进所棉花分级检验室启
二十四年一月廿八日

附"棉花分级检点报告单统字第二五七七号"一纸

棉业统制委员会中央棉产改进所棉花分级室

棉花分级检验报告单统字第　2577　号

今据梁邹美棉花运销合作社请求试行棉花分级兹

报告其结果如下

类　别	类种棉	
级　别	第　一　级	（优级）
长　度	25.40	公厘（1英寸）
整　齐	92.29%	
备　考	强度为5.518g　　织维量为002100m. g　　撚曲数82.7605转	

主任技师　叶元鼎

分级员　程致和

中华民国 24 年 1 月 24 日

注意　上述结果，仅依据请求者所呈之棉样而鉴定，可作参考或比较之用，不得将此单为任何棉花之真实证据。

丁　通知

（一）本社联合会通知

梁邹美棉运销合作社联合会通知　第　　　　号

本年　　　贵社共缴籽棉、皮棉　　　斤，计价　　　，余利　　　，扣除借款本息洋　　　，净余（不足）洋　　　。即希于本月二十九日携带收据、账簿、社戳、名章，及有关各件，前来本会清结为要！　　　　　　　　上通知

村社社长

本年业务结算说明附后：

一、春季借款利息统按七个月计算，秋季统按五个月计算。

二、花衣每百斤，作价——

（1）白花：特等按四十二元三角五分计算（磅称五十一元三角三分），甲等按四十一元八角计算（磅称五十元〇六角六分），乙等按四十一元二角五分计算（磅称五十元）。

（2）次白：特等按四十元〇一角五分计算（磅称四十八元六角七分），甲等按三十七元四角计算（磅称四十五元三角三分），乙等按三十四元五角计算（磅称四十一元八角二分）。

（3）红花按二十八元七角五分计算（磅称三十四元八角五分）。

（4）次红按二十三元计算（磅称二十七元八角八分）。

三、籽棉每百斤价值——

（1）白花：特等按十三元七角五分计算，甲等按十三元五角二分计算，乙等按十三元三角一分计算。

（2）次白：特等按十一元计算，甲等按十元〇六角六分计算，乙等按十元〇四角三分计算。

四、所交棉花斤重统按市称计算。

五、市称一百斤，折合磅称八十二斤半。

六、余利：每百元按七元七角分配。

中华民国二十四年一月二十四日

附　录

赴山东邹平梁邹美棉运销合作社
举行棉花分级之经过

引言

英美各国，实行棉花分级，久著成效。我国试行棉花分级，始自实业部上海商品检验局，自十九年迄今，已实行之工作为：一、鉴定报验棉及托验棉花之品级品质，二、派员赴产棉区域采集棉样，详加研究，三、试制棉花品级标准，四、其他。迨棉业统制委员会成立中央棉产改进所特设棉花分级室，与上海商品检验局合作赓续其事业而益广之，乃有棉花产地分级之试行。二十三年九月二十五日，茂材奉派赴山东邹平梁邹美棉运销合作社举行棉花分级；二十四年一月十五日事毕返沪，为时三月又二旬。谨将经过情形分述于下。

（一）合作社之概况

山东邹平，古名"梁邹"，旧治为今邹平城北四十里之孙家镇，亦即棉花运销合作社之策源地，因以为名焉。初山东乡村建设研究院设于邹平，以邹平为实验县，于二十一春推广该院农场脱字棉种于孙家镇一带，散发棉农二百一十九户试种，入秋即以此项棉农为社员，分村组织棉花运销合作社十五处，复将各社联合组织，取名"梁邹美棉运销合作社"；社址即设于孙家镇。二十二年社员增加，社务进展；至二十三年，村社即普及于全县，社务亦形发达。其概况如下：

甲、组织　联合会——办事处（四处）——村社（一〇八处）——社员（三〇一六人）

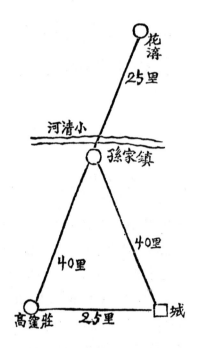

乙、地址　（说明）一、孙家镇：设联合会及办事处各一，有发动机轧棉厂一所，打包机二架，皮棉籽花兼收，数量最多。二、城区：设办事处一所，有人力轧花机两架，打包机一架，专收籽棉。三、高洼庄：设办事处一所，有发动机轧花厂一所，打包机一架，籽棉皮棉兼收。四、花沟设办事处一所，有打包机一架，专收皮棉。

丙、棉产情形　廿三年春，山东乡村建设研究院农场推广改良脱字美棉五万余亩，加入合作社者二万三千一百亩，因雨水不调，蚜虫为害，寒霜早降，收量大减，较上年仅得七成而弱。

丁、缴花手续　社员缴籽棉至村社，由村社再缴至附近办事处，或由村社轧好后，缴皮棉至办事处。办事处收到皮棉，即行打包；收到籽棉，轧后打包。

戊、运输方法　棉花运出：水路由小清河，雇帆船直达济南；陆路用牛车或汽车运至周村，由火车运至济南或青岛，再向外埠运销。

（二）棉花分级进行办法

棉花产地分级，在打包前行之。如合作社收进棉花，优劣分堆，分别打包，分级员鉴定其品级，则优者品级程度自高，劣者自低，合于棉花分级之真义；否则优劣相混，亦不过鉴定其混和棉花之等级而已，殊失其本意。兹将分级办法，分两方面言之：

甲、合作社向社员收花，所订之分级办法及其暂定价格。

一、籽棉：指未经霜害之白棉而言；其等级依长度而定——

等级	特	甲	乙
长度	75—63 厘	62—58	75—54
价格	12.3 元	12.1	1.19

二、皮棉：指未经霜害，夹杂物甚少，轧工良好之白棉而言；其等级依长度而定——

等级	特	甲	乙
长度	$1\frac{1}{16}$英寸以上	1 英寸以上	$\frac{15}{16}$英寸以上
价格	38.5 元	38.0	37.5

三、霜黄棉：指带有黄染或受过霜害之皮棉而言；其长度在$\frac{15}{16}$英寸以上者，视黄染之多少或受霜之程度而定——

等级	次　白			霜红
	特	甲	乙	
价格	36.5 元	34.0	30.0	25 元

合作社收进社员棉花，由社内职员鉴定其等级。前表所定之价格，系合作社为便利记账起见，参照市价而暂定者；棉花卖出后，所得利益，仍补给社员。

乙、打包时之分级　即合作社收进之棉花，行将打包时之分级；此乃吾之主要任务。依照会内所定标准，鉴定其品级、长度及整齐率。进行之步骤如下：

一、打包前棉花之处理：合作社收进籽棉，嘱分等堆存，轧后仍分别堆放；收进皮棉，亦须分等堆存，不使优劣相混。

二、采样：采取样品，鉴定品级，分两种方法，视皮棉之品级及长度而定，要以能代表一包或一批棉花之普遍程度为原则。a单包。皮棉之品级及长度相差稍远，每打一包，采样约半斤装入纸袋内，袋上标明包上号码。b整批。皮棉之品级及长度相差不远，从整堆皮棉内各处采样少许，合同半斤，装一纸袋内，袋上标明该批棉花包上号码。

三、标明号码：每包打成以后，包上号码，先用纸条标明，以便刷"分级盖印记号"而免错误。

四、鉴定品级：采出棉样，装入纸袋，标明号码后，即鉴定其品级长度及整齐率，将结果载明棉花分级报告单上。

五、刷分级盖印记号：根据棉花分级报告单，刷"分级盖印记号"于棉包上。

丙、工作时间之支配　余此次举行分级之场所有五——孙家镇两处（联合会及轧花厂，联合会专收皮棉，轧花厂专收籽棉，办事处即设于厂内）及城区、高洼庄、花沟三办事处——以联合会为中心，轧花厂距联合会半里，城区及高洼庄各四十里，花沟二十五里。打包工人两班，（五人一班）均住于孙家镇。联合会收花最多，每日打包；余四处五六日或十余日打包一次。余以合作社收花分等堆存，处置得当，乃采亲自采样整批分级办法，遇两处同时打包，如联合会与高洼庄——则于清晨先采取联合会内棉样，然后乘脚踏车先打包工人赴高洼庄采样分级，缮具报告单。午后仍返孙家镇，鉴定品级；如是各处均能兼顾。

丁、宣传工作　棉花分级为我国新兴之事业，知者甚少，故乘机宣传，唤起国人之注意，以利推行，亦重要之工作也。余驻联合会内，宣传之机会颇多；兹分四方面言之：

一、合作社职员　合作社职员，不但对于棉花分级须有深刻之认识，且对于分级之技术，亦应有相当之训练；故朝夕相处，除引起其兴趣外，并告知其鉴定棉花品级之方法，扯量棉丝长度之手术，及整齐率之决定等等。

二、棉农　合作社之社员为棉农，送花来社，即向之说明棉花分级与自己之关系。宣传之要点为：一、种纯种，二、分期收花，三、拣棉，四、晒干，五、其他。

三、棉商　对普通棉商——小贩及花行——宣传之要点为：一、勿搀水搀杂，二、优劣棉花勿混，三、粗绒细绒勿混，四、其他。对大棉商及纱厂宣传之要点为：一，分级盖印记号之作用，二、分级棉花之优点，三、奖励分级之棉花，四、试验分级棉花在纺织上之效能，五、其他。

四、参观者　山东乡村建设研究院以邹平为实验县，与河北定县，同蜚声国内。前往邹平者，多来孙家镇参观合作社；余即向之宣传，促其注意。

宣传方法，约分谈话、演讲、散发刊物，三种。

戊、协助工作　合作社内工作忙碌，余暇时则协助之。约分下列数事：（一）收看皮棉，（二）指示工人打包，（三）秤棉包重量，（四）监刷分级盖印记号，（五）其他。

（三）鉴定之结果

社员所种之棉种，系研究院农场推广之脱籽美棉，品质优良，织维细长，非普通市场上棉花所能比拟，兹将鉴定结果列表于后，以示一斑——

鉴定品级及长度结果表

长度 品级	次优级 （包）	上级 （包）	次上级 （包）	中级 （包）	次中级 （包）	等外级 （包）	总计 （包）	百分率 （％）
$1\frac{1}{16}$	140	113	1	28			282	61.1
1	22	998	107	234	46		1407	80.1
$\frac{15}{16}$	19		7	22			48	3.8
总计	181	1111	115	284	46	15	1752	110
百分率 （％）	10.3	63.4	6.6	12.6	2.6	0.9	100	

鉴定长度整齐率之结果如下

上	547 包	中	119.0 包	下	0

　　观上表结果，可以上级代表其品级，一英寸代表其长度，"中"代表其整齐率。兹附录分级盖印记号一览表于后，见每包头上所印刷之字，即可知其品级、长度、整齐率及分级员矣——

分级盖印记号一览表

品　　　　级					长　　度			整齐率		分级员
次优级	上级	次上级	中级	次中级	$1\frac{1}{16}$	1	$\frac{15}{16}$	上	中	巫茂材
日	木	月	金	人	邹	美	棉	天	地	茂

受霜害稍重之棉花列入等外级共计十五包未刷分级盖印记号

结　语

　　梁邹美棉运销合作社所收次优级及上级棉花，共计一千二百九十二包。第一批于去年十二月初旬售给青岛华新纱厂一百四十包，每担价洋五十六元九角，中棉历记公司五百包，每担价洋五十六元八角，余六百五十二包，今年一月九日，仍以原价扫数售与中棉历记公司。社员知售得高价，莫不欢跃，而他处合作社闻此消息，函询所以然者，亦有数起；是无他，该社之组织完善，棉花品质优良，品级甚高，无作弊情事致此也；观此情形，苟我国产棉区域，均仿该社办法，组织合作社，实行棉花分级，纱厂及棉商，对已分级之优良棉花，出高价收买，则吾国棉业前途，必有振兴之望。第合作社之组织，尚未普遍，而棉花分级事业又属草创，互助推行，关系密切，其有待于国人之提倡实行者，正未有艾也。